"Pubblicate quest'opera, così come sta. Chi legge
quest'Opera capirà"

Papa Pio XII,

1948 Il 26 febbraio

Canone 66 «L'economia cristiana, di conseguenza, dal momento che è il nuovo e definitivo Testamento, non morirà mai; e non bisogna aspettarsi nessuna pubblica rivelazione prima della gloriosa manifestazione di nostro Signore Gesù Cristo". Ma anche se la Rivelazione è già completata, non è stata resa completamente esplicita; alla fede cristiana rimane da cogliere il suo completo significato nel corso dei secoli.

Canone 67 Negli anni ci sono state le cosiddette rivelazioni "private", alcune delle quali sono state riconosciute dall'autorità della Chiesa. Non appartengono, però, al deposito della fede. Il loro compito non è migliorare o completare la Rivelazione definitiva di Cristo, ma aiutare a vivere più pienamente in essa in certi periodi della storia. Guidato dal Magisterium della Chiesa, il sensus fidelium sa come discernere e dare il benvenuto a queste rivelazioni, sia che costituiscano una chiamata autentica alla Chiesa da parte di Cristo che da parte dei suoi santi.

La fede cristiana non può accettare "rivelazioni" che sostengano di sorpassare o correggere la Rivelazione di cui Cristo è il compimento, come nel caso di religioni certamente non cristiane e anche di alcune recenti sette che si basano su tali "rivelazioni".

La Piena Di Grazia:
Gli Inizi
Merito
La Passione Di Joseph
L'Angelo Blu
L'Infanzia Di Gesù

Seguitemi:
Il Tesoro Con 7 Nomi
Dove Ci Sono Spine, Ci Saranno Anche Rose
Per L'Amore Che Persevera
Il Collegio Apostolico
I Dieci Comandamenti

Le Cronache Di Gesù E Giuda Iscariota:
Io Ti Vedo Per Come Sei
Coloro Che Sono Segnati
Gesù Piange

Lazzaro:
Che Bella Bionda
I Fiori Del Bene

Claudia Procula:
Amate Il Nazareno?
Il Capriccio Della Morale Di Corte

Principi Cristiani:
Della Reincarnazione

Maria Di Magdala:
Ah! Mio Adorato! Ti Ho Raggiunto Alla Fine

Lamb Books

Versione illustrata per tutta la famiglia

LAMB BOOKS

Pubblicato da Lamb Books, 2 Dalkeith Court, 45 Vincent Street, London SW1P 4HH;
UK, USA, FR, IT, SP, PT, DE

www.lambbooks.org

Prima pubblicato da Lamb Books 2013

questa edizione

001

Situato in Bookman Old Style R

Stampato e rilegato da CPI Group (UK) Ltd, Croydon, CR0, 4YY

Lazzaro:

Che Bella Bionda

LAMBBOOKS

RICONOSCIMENTO

Il materiale contenuto in questo libro è tratto d'Il Poema Dell'Uomo Dio ('Il Vangelo Come Mi È Stato Rivelato') da Maria Valtorta, prima approvata dal Papa Pio nel 1948 nel una riunione del Febbraio 1948, testimoniato da altri tre sacerdoti. Ordinò i tre sacerdoti presente "pubblicare questo lavoro cosi com'è".

Nel 1994 il vaticano approva gli appelli dei cristiani in tutto il mondo e ha cominciato ad esaminare il caso per la Canonizzazione di Maria Valtorta (Giovanni piccolo). Il poema del uomo Dio è stato descritto da un confessore del Papa Pio come "edificante".

Revelazioni mistiche sono stati per molto tempo la provincia dei sacerdoti e religiosi. Ed ora sono ottenibile a tutti. Tutti coloro che leggono questo adattamento troverà anche edificante. E attraverso questa luce, la fede può essere rinnovata.
Un ringraziamento speciale al Centro Editoriale Valtortiano in Italia per il permesso di citare Il Poema Dell' Uomo Dio di Maria Valtorta, soprannominato Giovanni piccolo

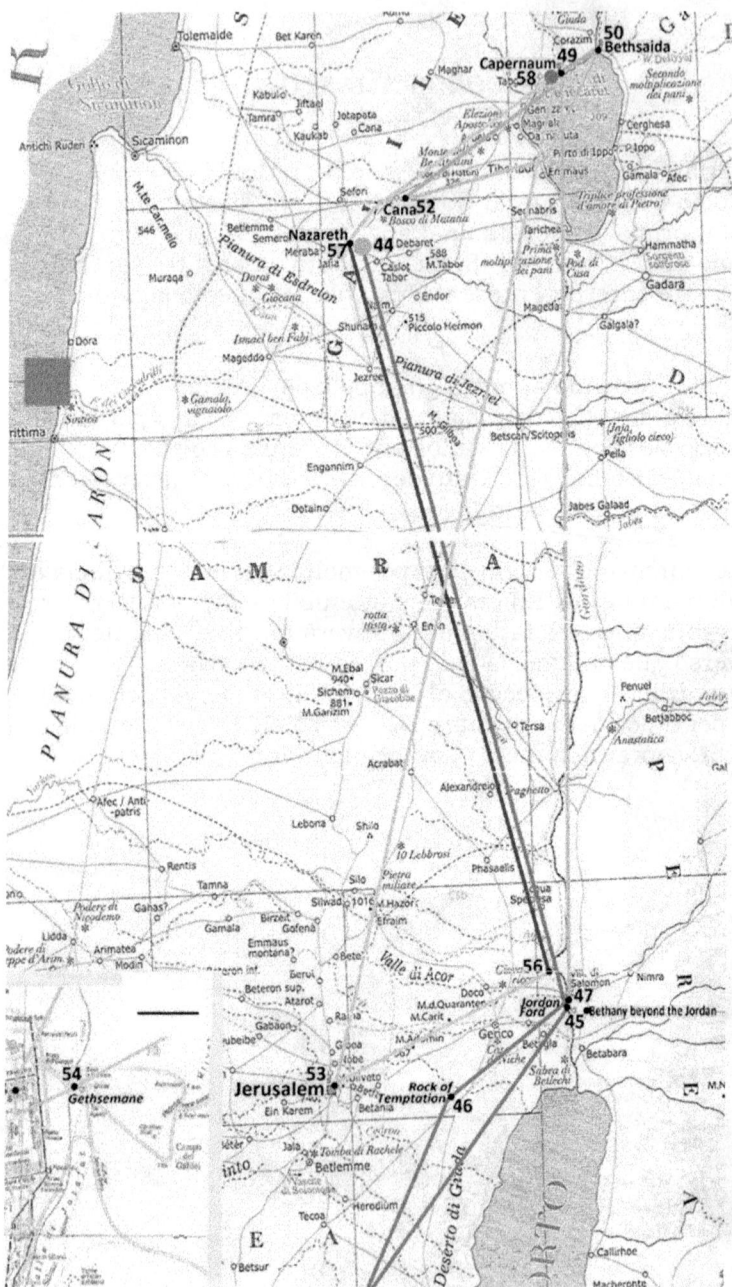

Contenuto

Gesù Con Giuda Iscariota Incontra Simone Lo Zelota E Giovanni   12

Gesù Piange Per Giuda E Simone Lo Zelota Lo Conforta   19

Gesù Incontra Lazzaro a Betania   28

Gesù E Isacco Vicino A Doco. Partenza Per Esdrelon   38

Ritorno A Nazaret Dopo Aver Lasciato Giona   45

Il Giorno Dopo Nella Casa Di Nazaret   57

Gesù Sul Lago Di Tiberiade. Lezioni Ai Suoi Discepoli Accanto Alla Stessa Città   66

Gesù Nella Città Sul Mare Riceve Lettere Riguardanti Giona.   81

Gesù A Casa Di Doras. Morte Di Giona.   93

Gesù A Casa Di Lazzaro. Marta Parla Della Maddalena   114

Gesù Con Giuda Iscariota Incontra
Simone Lo Zelota E Giovanni

"Sei sicuro che verrà?" Chiede Giuda Iscariota camminando su e giù con Gesù, accanto a uno dei cancelli all'interno del Tempio.

"Ne sono sicuro. Doveva partire da Betania all'alba e al Getsemani doveva incontrare il Mio primo discepolo..."

C'è una pausa. Poi Gesù si ferma di fronte a Giuda e lo guarda, studiandolo da vicino. Poi posa una mano sulla spalla di Giuda e chiede: "Perché, Giuda, non Mi esprimi i tuoi pensieri?"

"Quali pensieri? Non ho nessun pensiero in particolare, Maestro, al momento. Ti faccio fin troppe domande. Di certo non puoi lamentarti del mio silenzio."

"Tu Mi fai tante domande e Mi dai tanti dettagli sulla città e sui suoi abitanti. Ma non ti confidi con Me. Cosa credi che Mi importi, quello che mi dici della ricchezza della gente e dei membri di questa o quella famiglia? Non sono un indolente venuto qui a perdere tempo. Sai perché sono venuto. E puoi ben capire che Mi interessa essere il Maestro di Miei discepoli, come cosa più importante. Pertanto voglio sincerità e fiducia da loro.

Tuo padre ti amava, Giuda?"

"Mi amava tanto. Era orgoglioso di me. Quando tornavo
a casa da scuola, e anche dopo, quando sono tornato a
Kariot da Gerusalemme, voleva che gli raccontassi tutto.
Si interessava a tutto ciò che facevo e se ne rallegrava se
si trattava di cose positive, mi confortava se non stavo
molto bene, se a volte, sai, tutti commettiamo degli errori
- se avevo commesso un errore ed ero stato rimproverato
per esso, mi mostrava la lealtà del rimprovero che avevo
ricevuto, o l'ingiustizia della mia azione. Ma lo faceva in
modo così gentile... che sembrava un fratello maggiore.
Concludeva sempre dicendo: 'Dico questo perché voglio
che il mio Giuda sia giusto. Voglio essere benedetto
attraverso mio figlio.' Mio padre..."

Gesù, che ha attentamente osservato quanto Giuda è
commosso al ricordo di suo padre, dice: "Ora, Giuda, sta'
sicuro di ciò che sto per dirti. Niente renderà tanto felice
tuo padre quanto l'essere un discepolo fedele. Tuo padre,
che ti ha allevato come dici, dev'essere stato un uomo
giusto e la sua anima si rallegrerà, dove sta aspettando
la luce, vedendo che tu sei un Mio discepolo. Ma per
essere tale, devi dire a te stesso: 'Ho trovato il mio padre
perduto, il padre che era come un fratello maggiore per
me, l'ho trovato nel mio Gesù, e Gli dirò tutto, come
facevo con il mio adorato padre, per la cui morte sono
ancora addolorato, in modo che possa ricevere da Lui
consigli, benedizioni o un tenero rimprovero.' Che Dio
lo conceda, e soprattutto che tu possa comportarti in
modo tale che Gesù ti dica sempre: 'Tu sei buono.. Io ti
benedico.'"

"Oh! Sì, Gesù! Se Tu mi ami così tanto, io farò di tutto

per essere buono, come Tu vuoi e come mio padre voleva che fossi. E mia madre non avrà più un dolore lacerante nel suo cuore. Ella diceva: 'Tu non hai una guida ora, figlio mio, e ne hai ancora tanto bisogno.' Quando saprà che ho Te!"

"Io ti amerò come nessun altro uomo potrebbe amarti, ti amerò così tanto, ti amo davvero. Non deludermi."

"No, Maestro, non lo farò. Ero pieno di conflitti. Invidia, gelosia, desiderio di superiorità, sensualità, tutto in me si è scontrato con la voce della mia coscienza. Anche piuttosto di recente, vedi? Tu mi hai fatto soffrire. Cioè: no, non Tu. Era la mia natura malvagia... Pensavo di essere il Tuo primo discepolo... e, ora Tu mi hai appena detto che ne hai già uno."

"L'hai visto tu stesso. Non ricordi che a Pasqua ero nel Tempio con molti galilei?"

"Pensavo che fossero amici... pensavo di essere il primo ad essere scelto per tale destino, e che pertanto fossi il più caro."

"Non ci sono distinzioni nel Mio cuore tra il primo e l'ultimo. Se il primo dovesse errare e l'ultimo fosse un sant'uomo, allora ci sarebbe una distinzione agli occhi di Dio. Ma io amerò allo stesso modo: Amerò l'uomo santo di un amore beato, e il peccatore di un amore sofferente. Ma ecco Giovanni che arriva con Simone. Giovanni, il Mio primo discepolo, Simone, colui di cui ti ho parlato due giorni fa. Hai già visto Simone e Giovanni. Uno era malato..."

"Ah! Il lebbroso! Mi ricordo. E' già un Tuo discepolo?"

"Dal giorno seguente."

"E perché io ho dovuto aspettare così tanto?"

"Giuda?!"

"Hai ragione. Perdonami."

Giovanni vede il Maestro, Lo indica a Simone e si affrettano.

Giovanni e il Maestro si baciano. Simone, invece, si getta ai piedi di Gesù e li bacia, esclamando: "Gloria al mio Salvatore! Benedici il Tuo servitore affinché le sue azioni siano sante agli occhi di Dio e io possa glorificarlo e benedirlo per avermi donato Te."

Gesù posa la mano sulla testa di Simone: "Sì, ti benedico per ringraziarti della tua opera. Alzati, Simone. Questo è Giovanni, e questo è Simone: ecco il Mio ultimo discepolo. Anche egli vuol seguire la Verità. Pertanto è un fratello per tutti voi."

Si salutano: i due giudei inquisitoriamente, Giovanni di cuore.

Sei stanco, Simone?" Chiede Gesù.

"No, Maestro. Con la mia salute ho recuperato una vitalità che non avevo mai sentito prima."

"E so che ne fai buon uso. Ho parlato con tanta gente e tutti Mi hanno detto che li hai già istruiti sul Messia."

Simone sorride felicemente. "Anche la scorsa notte ho parlato di Te ad uno che è un onesto israelita. Spero che lo incontrerai un giorno. Mi piacerebbe portarti da lui."

"E' certamente possibile."

Giuda si unisca alla conversazione: "Maestro, hai promesso di venire con me, in Giudea."

"E lo farò. Simone continuerà a istruire la gente sul Mio arrivo. Il tempo è poco, cari amici, e la gente è così tanta. Ora andrò con Simone. Voi due Mi verrete incontro stasera sulla strada verso il Monte degli Ulivi e daremo del denaro ai poveri. Andate ora."

Quando Gesù è da solo con Simone, gli chiede: "Quella persona di Betania è un vero israelita?"

"E' un vero israelita. Le mie idee sono prevalenti, ma egli aspetta davvero il Messia. E quando gli ho detto: "Egli ora è tra noi", mi ha risposto subito: 'Sono benedetto perché sto vivendo questo momento.'"

"Andremo da lui un giorno e porteremo la nostra benedizione alla sua casa. Hai visto il nuovo discepolo?"

"L'ho visto. E' giovane e sembra intelligente."

"Sì, lo è. Poiché sei un giudeo, tu avrai più pazienza con lui rispetto agli altri, a causa delle sue idee."

"E' un desiderio o un ordine?"

"Un ordine benevolo. Tu hai sofferto e puoi essere più indulgente. Il dolore insegna tante cose."

"Se me lo ordini, sarò completamente indulgente verso di lui."

"Sì. Sii tale. Forse Pietro, e potrebbe non essere l'unico, sarà un po' turbato nel vedere come mi prendo cura e mi preoccupo di questo discepolo. Ma un giorno, essi capiranno... Più uno è deforme, più ha bisogno di assistenza.

Gli altri... oh! Gli altri si formano propriamente, anche da soli, semplicemente per contatto. Non voglio fare tutto

da solo. Voglio che sia la volontà dell'uomo e l'aiuto degli altri a formare un uomo. Ti chiedo di aiutarmi... e ti sono grado per l'aiuto."

"Maestro, credi che Ti deluderà?"

"No. Ma è giovane ed è stato allevato a Gerusalemme."

"Oh! Accanto a te correggerà tutti i vizi di quella città... ne sono sicuro. Io ero già vecchio e incallito da odio pungente, eppure sono cambiato completamente dopo averti visto..."

Gesù sospira: "Che sia così! " Poi a voce alta: "Andiamo al Tempio. Evangelizzerò la gente."

Gesù Piange Per Giuda E Simone Lo Zelota Lo Conforta

Gesù si trova in una campagna molto fertile, piena di magnifici frutteti e vigne con grossi grappoli d'uva, che comincia a diventare dorata o rossa. Ha appena finito di parlare ed ora è seduto in un frutteto, a mangiare della frutta offertagli dal fattore.

"E' un piacere per me, Maestro, placare la Tua sete..." dice il fattore. "... Il tuo discepolo ci ha parlato della Tua saggezza ma eravamo comunque sbalorditi quando Ti abbiamo ascoltato. Vicini come siamo alla Città Santa, ci andiamo spesso a vendere la nostra frutta e verdura, poi saliamo al Tempio ad ascoltare i rabbini. Ma non parlano come Te. Avevamo l'abitudine di tornare dicendo: 'Se è così, chi sarà salvato?' Con Te è completamente diverso! Oh! Ci sentiamo così a cuore leggero! Benché adulti, ci sentiamo bambini nel nostro cuore. Io sono un... uomo rozzo e non sono bravo a farmi capire. Ma sono sicuro che Tu mi capisci!"

"Sì, ti capisco. Intendi dire che, sebbene tu possieda la conoscenza e la maturità di un adulto, dopo aver ascoltato la Parola di Dio, senti ravvivarsi nel tuo cuore la semplicità, la fede e la purezza, come se fossi di nuovo un bambino, senza peccato o malizia, ma con tanta fede, come quando sei stato portato al Tempio per la prima volta da tua madre, o hai pregato sulle sue ginocchia. E' questo che intendi."

"Sì, questo, proprio questo. Voi siete fortunati perché siete sempre con Lui" dice a Giovanni, Simone e Giuda che sono seduti su un muretto, a mangiare fichi succosi. "E sono onorato che Tu sia stato mio ospite per una notte. Non temo alcuna sventura nella mia casa, perché Tu l'hai benedetta."

Gesù risponde: "Una benedizione è efficace e duratura se le anime degli uomini sono fedeli alla Legge di Dio e alla Mia dottrina..." risponde Gesù. "... Altrimenti la sua grazia cessa di essere dispensata. Ed è semplicemente giusto. Perché è vero che Dio concede sole e aria fresca ai buoni e ai cattivi; in modo che essi possano vivere, e migliorare se sono buoni, e convertirsi se sono cattivi. E' anche giusto che la protezione del Padre si volga altrove come punizione per i malvagi, per ricordargli di Dio, tramite il dolore."

"Il dolore non è sempre un male?"

"No, amici. E' un male da un punto di vista umano, ma da un punto di vista soprannaturale è un bene. Accresce i meriti della gente giusta, che lo accettano senza disperarsi o ribellarsi e lo offrono, come offrono se stessi con rassegnazione, come sacrificio per espiare le proprie imperfezioni e le colpe del mondo, ed è una redenzione per coloro che non sono buoni."

"E' così difficile soffrire!" Dice il fattore, che è stato raggiunto dai suoi parenti, circa dieci persone in tutto, adulti e bambini.

"So che l'uomo lo trova difficile. E sapendo che lo troverebbe così difficile, il Padre non ha dato alcun dolore ai Suoi figli. E' venuto dal peccato. Ma quanto dura il dolore sulla terra? Nella vita di un uomo? Per breve tempo. E' sempre breve, anche se dura tutta la vita. Ora dico: non è meglio soffrire per breve tempo piuttosto che per sempre? Non è meglio soffrire qui che nel Purgatorio? Considerate che il tempo lì viene moltiplicato mille volte. Oh! Vi dico solennemente: non dovreste maledire il dolore, ma benedirlo, e dovreste chiamarlo 'grazia' e 'misericordia'. "

"Oh! Le Tue parole, Maestro! Per noi sono piacevoli come acqua con miele da una fresca anfora per un uomo arso dalla sete estiva. Davvero andrai via domani, Maestro?"

"Sì, partirò domani. Ma tornerò. Per ringraziarvi di ciò che avete fatto per Me e per i Amici, e per chiedervi dell'altro pane e riposo."

"Ne troverai sempre qui, Maestro."

Un uomo con un asino carico di verdure si avvicina.

"Eccomi, se il tuo amico vuol andare... mio figlio sta andando a Gerusalemme per il grande mercato del Parasceve. "

"Vai, Giovanni. Sai cosa devi fare. Tra quattro giorni ci rincontreremo. La pace sia con te." Gesù abbraccia e bacia Giovanni e Simone fa lo stesso.

"Maestro" dice Giuda. "Se me lo consenti, vorrei andare con Giovanni. Sono ansioso di vedere un mio amico. Va a Gerusalemme in ogni Shabbat. Andrei con Giovanni fino a Betfage, poi procederei da solo... E' un amico di famiglia... Sai... mia madre mi ha detto..."

"Non ti ho fatto nessuna domanda, Mio amic."

"Mi spezza il cuore lasciarti. Ma tra quattro giorni sarò di nuovo con Te... E sarò così fedele da annoiarti addirittura."

"Puoi andare. Tra quattro giorni, all'alba, fatti trovare alla Porta dei Pesci. Ti saluto e che Dio ti guardi. "

Giuda bacia il Maestro e si avvicina al piccolo asino che ha cominciato a trottare lungo la strada polverosa.

Cala la sera e la campagna diviene silenziosa. Gesù non si è mosso da dove era seduto quando Giovanni e Giuda sono partiti. Simone guarda i contadini che irrigano i loro campi. Poi Gesù si alza, va sul retro della casa e cammina lungo il frutteto. Vuole restare solo. Arriva fino a un boschetto di enormi melograni e bassi cespugli, che sembrano cespugli di uva spina ma non hanno bacche. Gesù si nasconde dietro il boschetto. Si inginocchia. Prega... poi si inchina con il volto sull'erba e piange. Un pianto avvilito: con profondi sospiri interrotti senza singhiozzi, ma così triste.

Passa un po' di tempo così fino al tramonto, ma non è così buio da impedire di vedere. E nella tenue luce, il volto deturpato ma onesto di Simone appare improvvisamente al di sopra di un cespuglio. Guarda intorno come cercando qualcosa e vede la figura accovacciata del Maestro, completamente coperto dal Suo mantello blu scuro che si mescola al terreno buio, confondendolo. Solo la Sua chioma bionda e le Sue mani giunte in preghiera, che sporgono dalla Sua testa

appoggiata ai polsi, attirano l'attenzione di Simone.
Simone Lo guarda con i suoi grandi occhi e comprende
che Gesù è triste dai Suoi sospiri.

"Maestro", chiama Simone, con le sue grosse labbra
quasi viola. Gesù guarda in alto.

"Stai piangendo, Maestro. Perché? Posso avvicinarmi? "
L'espressione di Simone è di meraviglia e dolore. Non è
certamente un bell'uomo e, ad aggiungersi al Suo volto
deturpato e alla sua carnagione olivastra, ha anche le
profonde cicatrici bluastre della sua malattia. Ma il suo
sguardo è così gentile che la sua bruttezza scompare.

"Vieni, Simone, amico Mio."

Gesù si siede sull'erba e Simone si siede accanto a Lui.

"Perché sei triste, Maestro? Io non sono Giovanni e non
sono in grado di darti ciò che Ti dà Giovanni. Ma vorrei
darti ogni possibile conforto, e mi dispiace solo di non
essere in grado di farlo. Dimmi. In questi ultimi giorni Ti
ho contrariato al punto che Ti deprime stare con me?"

"No. Mio caro amico. Tu non Mi hai mai contrariato dal
primo momento che ti ho visto. E penso che tu non Mi
farai mai versar lacrime."

"Bene, allora, Maestro? Non sono degno della Tua
confidenza. Ma, per la mia età, potrei essere Tuo padre
e Tu sai come sia sempre stato ansioso di avere figli...
Permettimi di accarezzarti come se fossi mio figlio e
lascia che io sia per Te un padre e una madre in questo
momento di dolore. E' di Tua Madre che hai bisogno per
dimenticare tante cose..."

"Oh! Sì! Di Mia Madre!"

"Bene, in attesa di ricevere conforto da Lei, concedi al Tuo servitore la gioia di consolarti. Tu stai piangendo, Maestro, perché qualcuno Ti ha dispiaciuto. Per molti giorni il Tuo volto è stato come il Sole rabbuiato dalle nuvole. Ti ho osservato. La tua bontà cela la ferita, in modo che noi non possiamo odiare colui che Ti ferisce. Ma la ferita è dolorosa e ripugnante. Ma dimmi, mio Signore: perché non rimuovi l'origine del Tuo dolore?"

"Perché sarebbe inutile da un punto di vista umano e non sarebbe caritatevole."

"Ah! Sei consapevole che sto parlando di Giuda! E' a causa sua che stai soffrendo. Come puoi Tu, la Verità, tollerare quel mentitore? Mente spudoratamente. E' più ingannevole di una volpe e più ottuso di una roccia. Ora è andato via. Per cosa? Quanti amici ha? A me dispiace lasciarti. Ma vorrei seguirlo e vedere... Oh! Mio Gesù. Quell'uomo... mandalo via, mio Signore."

"E' inutile. Quel che sarà, sarà."

"Cosa vuoi dire?"

"Niente di particolare."

"Gli hai permesso di andare con piacere, perché eri disgustato dal suo comportamento a Gerico. "

"E' vero, Simone. Te lo ripeto: quel che sarà, sarà. E Giuda fa parte di questo futuro. Dovrà esserci anche lui."

"Ma Giovanni mi ha detto che Simon Pietro è molto sincero e pieno di ardore... Sopporterà Giuda?"

"Deve sopportarlo. Anche Pietro è destinato a quella parte, e Giuda è la tela su cui egli dovrà tessere la sua parte, o, se preferisci, Giuda è la scuola dove

Pietro imparerà più che con chiunque altro. Anche gli idioti sono capaci di essere buoni con Giovanni e di comprendere le anime come Giovanni. Me è difficile essere buoni con gente come Giuda, e comprendere le anime come Giuda ed essere per loro un dottore e un sacerdote. Giuda è il vostro insegnamento vivente."

"Il nostro?"

"Sì. Il vostro. Il Maestro non resterà sulla terra per sempre. Partirà dopo aver mangiato il pane più duro e bevuto il vino più aspro. Ma voi resterete a continuare la Mia opera... e dovete sapere. Perché il mondo non finisce con il Maestro. Durerà più a lungo, fino al ritorno finale di Cristo e al giudizio finale dell'uomo. E io ti dico solennemente che per ogni Giovanni, Pietro, Simone, Giacomo, Andrea, Filippo, Bartolomeo, Tommaso, ci sono almeno sette Giuda. E molti, molti altri!... "

Simone è pensieroso e silenzioso. Poi dice: "I pastori sono buoni. Giuda li schernisce. Ma io li amo."

"Io li amo e li lodo."

"Sono anime semplici, proprio come Te."

"Giuda ha vissuto in città."

"La sua unica giustificazione. Ma c'è tante gente che ha vissuto nelle città, eppure... Quando verrai dal mio amico?"

"Domani, Simone. E verrò con piacere, perché siamo da soli, solo tu ed Io. Credo che sia un uomo istruito e d'esperienza, come te."

"E soffre molto... Nel corpo e ancora di più nel suo cuore. Maestro... vorrei chiederti un favore: se non Ti parla del suo dolore, Ti prego di non fargli domande sulla sua famiglia."

"Non lo farò. Sono dalla parte di chi soffre, ma non forzo la confidenza di nessuno. Le lacrime meritano rispetto."

"Ed io non le ho rispettate... ma mi è dispiaciuto tanto per Te..."

"Tu sei Mio amico a hai già dato un nome al Mio dolore. Io sono un rabbino sconosciuto per il tuo amico. Quando Mi conoscerà... allora... Andiamo. E' buio. Non facciamo aspettare i nostri ospiti stanchi. Domani all'alba andremo a Betania."

Gesù Incontra Lazzaro a Betania

E' presto, in una chiara mattina d'estate e il sole, già al di sopra dell'orizzonte, si solleva sempre più, sorridendo alla terra incantevole; tutte le stelle della notte precedente sembrano essersi tramutate in polvere d'oro e di gemme, ora depositatasi su tutti i rami e le foglie e brillante di rugiada. Anche i frammenti silicei delle pietre sparse sul terreno e ora bagnate di rugiada sembrano polvere di diamanti o d'oro.

Gesù e Simone camminano lungo una stradina laterale che forma uno stretto angolo a "V" con la strada principale e conduce verso meravigliosi frutteti e campi di lino quasi ad altezza d'uomo e quasi pronto da tagliare. Più lontano, ci sono vaste macchie di papaveri di un rosso brillante, in mezzo a stoppie di altri campi.

"Siamo già nella proprietà del mio amico. Come puoi vedere, Maestro, la distanza rispetta la prescrizione della Legge. Non mi sarei mai permesso di ingannarti. Oltre quel frutteto di mele c'è il muro del giardino e la casa. Ti ho fatto prendere questa scorciatoia per restare entro il miglio prescritto."

"Il tuo amico è molto ricco!"

"Sì, molto. Ma non è felice. Ha altre proprietà ovunque."
"E' un fariseo?"
"Suo padre non lo era. Egli... è molto osservante. Ti ho
detto: un vero israelita."

Continuano a camminare. Davanti a loro si trova un alto
muro, al di là del quale vi sono alberi e altri alberi
ancora, attraverso cui comincia a scorgersi la casa. Un
dosso nel terreno su cui camminano impedisce loro di
vedere il giardino che è bello come un parco.
Svoltano a un angolo e raggiungono il livello del muro,
che ha rami di rose rampicanti e splendidi gelsomini
profumati, con le corolle umide di rugiada, che pendono
dall'alto. Simone bussa con un pesante batacchio di
bronzo al pesante portone di ferro.

"E' troppo presto per entrare, Simone" nota Gesù.
"Oh! Il mio amico si alza all'alba e trova conforto solo nel
suo giardino o nei libri. La notte è una tortura per lui. Per
favore non ritardare ancora nel donargli la Tua gioia."
Un servitore apre il portone.
"Buongiorno, Aseo. Dì al tuo padrone che Simone lo
Zelota è venuto con il suo Amico."
Il servitore li fa entrare e dice: "Il vostro servitore vi
saluta. Entrate. La porta di Lazzaro è aperta per i suoi
amici", poi corre via.
Simone, che ha familiarità con il luogo, si allontana dal
viale principale e segue un sentiero che va verso un
pergolato di gelsomini in mezzo a cespugli di rose.

Lazzaro emerge dal pergolato poco dopo, in una veste di
lino bianca come la neve e camminando con difficoltà

come se soffrisse di problemi alle gambe. E' alto, magro e
pallido con i capelli corti che non sono né folti né ricci, e
un po' di barba sparsa confinata alla parte inferiore del
mento.

Quando vede Simone, saluta con affetto e poi corre
meglio che può verso Gesù e si getta in ginocchio,
piegandosi sul terreno per baciare l'orlo della tunica di
Gesù;

"Non sono degno di tanto onore..." dice Lazzaro. "Ma
poiché la Tua santità si inchina alla mia miseria, entra,
mio Signore, entra e sii il Padrone nella mia povera casa."

"Alzati, Mio amico. E ricevi la Mia pace."

Lazzaro si alza e bacia le mani di Gesù e lo guarda con
venerazione non priva di curiosità.

Camminano verso la casa.

"Con quanta ansia Ti ho atteso, Maestro! Ogni mattina,
all'alba, dicevo: 'Egli verrà oggi', e ogni sera dicevo: 'Non
l'ho visto nemmeno oggi.'"

"Perché Mi aspettavi così ansiosamente?"

"Perché... chi stiamo aspettando in Israele, se non Te?"

"E tu credi che Io sia l'Atteso?"

"Simone non ha mai mentito, né è un ragazzo che si
entusiasma per niente. L'età e il dolore l'hanno reso
maturo come un saggio. In ogni caso... anche se egli non
avesse riconosciuto la Tua vera natura, le Tue azioni
avrebbero parlato e detto che Tu sei un "Santo" Che
compie le azioni di Dio, devi essere un uomo di Dio. E Tu
le compi. E Tu fai le cose in un modo che rivela quanto
Tu sia davvero l'Uomo di Dio. Il mio amico è venuto da Te
per la fama dei Tuoi miracoli e ha ricevuto un miracolo. E
so che il Tuo cammino è disseminato di miracoli. Perché,
allora, non dovrei credere che Tu sia l'Atteso? Oh! E' così

dolce credere in ciò che è buono! Dobbiamo fingere nel credere buone molte cose che non lo sono, per la pace perché sarebbe inutile cambiarle; molte parole ambigue che sembrano adulazione, lode, bontà d'animo e invece sono sarcasmo e critica, veleno celato dal miele. Dobbiamo fingere di credervi sebbene sappiamo che siano veleno, critica, sarcasmo... dobbiamo farlo perché... non è possibile fare altrimenti. E siamo deboli contro un intero mondo che è forte. E siamo soli contro un intero mondo che ci è ostile... perché, allora, dovremmo avere difficoltà a credere a ciò che buono? D'altra parte i tempi sono maturi e i segni del tempo ci sono. Ciò che potrebbe ancora mancare per accertare ciò in cui si crede oltre ogni ragionevole dubbio, dovrebbe esserci dato dall'ansia di credere e di appagare i nostri cuori nella certezza che l'attesa è finita e che il Redentore è arrivato, il Messia è qui... Colui Che donerà la pace a Israele e ai figli di Israele, Che ci farà morire senza angoscia, sapendo che siamo stati redenti, e ci permetterà di vivere senza quella sensazione di nostalgia per i nostri morti... Oh! I morti! Perché piangere i morti se non perché, non avendo più figli, essi non hanno ancora il Padre e Dio?"

"Tuo padre è morto da molto tempo?"

"Da tre anni, e mia madre da sette... ma non piango più le loro morti... anch'io vorrei essere dove spero che essi stiano attendendo il Paradiso."

"In tal caso non avresti il Messia come tuo ospite."

"Questo è vero. Ora sono in una posizione migliore di loro perché ho Te... e il mio cuore si placa per questa gioia. Entra, Maestro. Concedimi l'onore di fare della mia casa la Tua. Oggi è lo Shabbat e non posso invitare amici per onorarti..."

"Non lo voglio neanch'Io. Oggi sono solo per l'amico di Simone e Mio."
Entrano in una bella sala, dove alcuni servitori sono pronti a riceverli. "Vi prego di seguirli" dice Lazzaro. "Potrete rinfrescarvi prima della colazione." E mentre Gesù e Simone si recano in un'altra stanza, Lazzaro dà istruzioni ai servitori. La casa mostra ricchezza e raffinatezza...

... Gesù beve un po' di latte, che Lazzaro insiste nel servire personalmente, prima di sedere al tavolo per la colazione.
"Ho trovato l'uomo che desidera acquistare la tua proprietà e pagare il prezzo che il tuo agente ha stabilito come onesto. Non toglierà una dracma." Dice Lazzaro a Simone.
"Ma è disposto ad accettare le mie condizioni?"
"Sì, lo è. Accetterà tutto, se otterrà la proprietà. E sono felice perché almeno conoscerò il mio vicino. Tuttavia, poiché non vuoi presenziare alla transazione, anche egli vuole rimanere sconosciuto a te. E ti chiederei di soddisfare le tue richiesta."
"Non vedo ragioni per non farlo. Tu, amico mio, prenderai il mio posto... Qualunque cosa farai, sarà ben fatta. Mi basta che il mio fedele servitore non sia messo fuori...
Maestro, sto vendendo e, per quel che mi riguarda, sono felice di non avere altro che possa legarmi che non sia il Tuo servizio. Ma ho un vecchio servitore fedele, l'unico rimasto dopo la mia sventura. E, come Ti ho già detto, mi ha sempre aiutato durante il mio isolamento, prendendosi cura della mia proprietà, come se fosse sua,

anzi, con l'aiuto di Lazzaro, facendola passare per sua, per salvarla e così finanziarmi. Ora, non sarebbe giusto se lo lasciassi senza una casa, adesso che è anziano. Ho deciso che una piccola casa, accanto al confine della proprietà, debba essere sua e che parte del denaro sia data a lui per il suo futuro sostentamento. Gli anziani, sai, sono come l'edera: avendo sempre vissuto in un posto, soffrono troppo nell'esserne strappati via. Lazzaro voleva con sé il mio servitore, perché è buono. Ma io ho preferito così. L'anziano uomo non soffrirà troppo..."

"Anche tu sei buono, Simone. Se tutti fossero giusti come te, la Mia missione sarebbe più facile..." osserva Gesù.

"Trovi che il mondo sia avverso, Maestro?" Chiede Lazzaro.

"Il mondo?... No. La forza del mondo: Satana. Se egli non fosse padrone dei cuori degli uomini e non li possedesse, non troverei alcuna resistenza. Ma il Male è contrario al Bene e devo sconfiggere il male in ogni uomo per infondervi il bene... e non tutti lo vogliono..."

"E' vero. Non vogliono! Maestro: che parole usi per convertire e convincere coloro che peccano? Parole di duro rimprovero, come quelle che riempiono la storia di Israele contro i colpevoli, e il Precursore è l'ultimo a usarle, o parole di misericordia?"

"Uso amore e misericordia. Credimi, Lazzaro, uno sguardo d'amore ha più potere, su coloro che sono caduti, di una maledizione."

"E se l'amore viene deriso?"

"Bisogna ancora insistere. Insistere fino all'ultimo. Lazzaro, conosci quelle terre in cui le sabbie mobili ingoiano la gente incauta?"

"Sì. Ho letto a proposito di esse perché nella mia

condizione leggo molto, sia per entusiasmo sia per passare le lunghe ore insonni della notte. So che ce ne sono alcune in Siria e in Egitto e ce ne sono alcune accanto ai Cialdei. E so che sono come delle ventose; attirano ciò che afferrano. Un romano dice che sono le bocche dell'Inferno, dove vivono i mostri pagani. E' vero?" "No, non è vero. Sono solo delle formazioni particolari della terra. L'Olimpo non ha niente a che vedere con loro. La gente smetterà di credere nell'Olimpo ed esse esisteranno ancora e il progresso dell'umanità potrà solo dare una spiegazione più veritiera del fenomeno, ma non lo eliminerà. Ora ti dico: poiché hai letto a proposito di esse, puoi anche aver letto come una persona che cade in esse possa essere salvata." "Sì. Tramite una corda lanciata alla persona o con un palo o anche un ramo. A volte una piccola cosa è sufficiente a dare a un uomo che sta affondando il minimo supporto a cui aggrapparsi e, inoltre, la calma necessaria per attendere il salvataggio, senza lottare." "Bene. Un peccatore, un uomo posseduto, è qualcuno che è stato inghiottito da un suolo ingannevole, la cui superficie è coperta di fiori, mentre sotto ci sono le sabbie mobili. Pensi che se un uomo sapesse cosa vuol dire dare a Satana il possesso anche solo di un proprio atomo, lo farebbe? Ma non lo sa... e dopo... O lo stupore e il veleno del Male lo paralizzano, o lo rendono pazzo e per evitare il rimorso di perdersi egli lotta, si aggrappa ad altra sabbia, solleva grandi onde con i suoi movimenti bruschi e così affretta la propria fine. L'amore è la corda, il bastone, il ramo che hai menzionato. Dobbiamo insistere, insistere... finché viene afferrato. Una parola... perdono... un perdono più grande della colpa... solo per fermare

l'affondamento e attendere l'assistenza di Dio. Lazzaro,
conosci il potere del perdono? Porta Dio ad assistere il
salvatore... Leggi molto?"
"Sì. Ma non so se faccio bene. La mia malattia e... e altre
cose mi hanno privato di tante gioie umane... e ora non
ho che la passione per i fiori e i libri... Per le piante e
anche per i cavalli... So di essere criticato per questo. Ma
come posso raggiungere la mia proprietà in questa
condizione" e scopre due grosse gambe tutte bendate "a
piedi o a cavallo di un mulo? Devo usare un carro, e uno
veloce. E' per questo che ho comprato dei cavalli, a cui
ora sono molto affezionato, devo ammetterlo. Ma se Tu mi
dici che è sbagliato... li venderò."
"No, Lazzaro. Quelle non sono cose che corrompono. Ciò
che turba l'anima e allontana da Dio è causa di
corruzione."
"Ora, Maestro. Ciò che vorrei sapere è questo. Io leggo
molto. Ho solo questo conforto. Mi piace imparare...
Penso che dopo tutto sia meglio sapere che sbagliare, che
sia meglio leggere, che fare altre cose. Ma non leggo solo
le nostre pagine. Mi piace imparare dei mondi di altri
popoli e sono attratto da Roma e da Atene. Ora, sono
consapevole del grande male che avvenne ad Israele
quando divenne corrotto dagli Assiri e dagli Egiziani e del
gran male che ci è stato fatto dai governi ellenici. Non so
se un uomo possa fare a se stesso lo stesso male che
Giuda a fatto a sé e a noi, suoi figli. Qual è la Tua
opinione in proposito? Sono ansioso dei Tuoi
insegnamenti, perché Tu non sei un rabbino, ma la
Parola saggia e divina."
Gesù lo guarda per qualche secondo, il Suo sguardo è
penetrante e distante allo stesso tempo. Sembra perforare

il corpo opaco di Lazzaro e scrutare il suo cuore e penetrare ancora oltre, sembra vedere... "Sei turbato da ciò che leggi?" Chiede infine Gesù. "Ti allontana da Dio e dalla Sua Legge?"

"No, Maestro. Al contrario, mi spinge a fare confronti tra il nostro vero Dio e la falsità pagana. Faccio confronti e medito sulle glorie di Israele, del suo giusto popolo, i Patriarchi, i Profeti, e le figure ambigue delle storie di altri popoli. Confronto la nostra filosofia, se così possiamo chiamare la Saggezza che parla nei nostri testi sacri, con le povere filosofie greca e romana che contengono scintille di fuoco ma non la fiamma che arde e splende nei libri dei nostri Saggi. E dopo, con maggior venerazione, mi inchino con la mia anima ad adorare il nostro Dio Che parla a Israele attraverso le azioni, il popolo e i nostri libri."

"Bene, allora, continua a leggere... Ti aiuterà a capire il mondo pagano... Continua. Puoi continuare. Non c'è fermento di male o di gangrena spirituale in te. Pertanto, puoi leggere senza paura. L'amore che hai per Dio rende sterile il germe profano che potrebbe sprigionarsi in te. In tutte le azioni dell'uomo c'è la possibilità del bene e del male. Dipende da come vengono compiute. L'amore non è un peccato, se si ama in modo santo. Il lavoro non è un peccato, se si lavora al momento giusto. Guadagnare non è un peccato, se si è soddisfatti di ciò che è onesto. Educarsi non è un peccato, ammesso che l'educazione non uccida la nostra idea di Dio. Mentre è un peccato anche servire all'altare, se lo si fa per beneficio personale. Sei convinto, Lazzaro?"

"Sì, Maestro. Ho fatto la stessa domanda ad altre persone e mi hanno disprezzato... Ma Tu mi dai luce e pace. Oh!

Se tutti Ti ascoltassero. Vieni, Maestro. Tra i gelsomini c'è una fresca brezza e silenzio. E' dolce riposarsi sotto la loro fresca ombra aspettando la sera."
Ed escono.

Gesù E Isacco Vicino A Doco. Partenza Per Esdrelon

"E ti dico, Maestro che le persone umili sono migliori..."
Isacco riferisce a Gesù. "... coloro con cui ho parlato mi
hanno o riso in faccia o ignorato. Oh! I piccoli a Juttah!"
Sono seduti in gruppo sull'erba accanto alla sponda
del fiume e Giuda interrompe Isacco, eccezionalmente
chiamando il pastore per nome;

"Isacco, sono del tuo parere. Perdiamo tempo e perdiamo
la nostra fede nel trattarli. Ci sto rinunciando."
"Io no, ma mi fa soffrire. Smetterò solo se me lo dirà
il Maestro. Per anni sono stato abituato a soffrire per
la lealtà alla verità. Non potevo mentire per entrare
nelle grazie dei potenti. E sai quante volte sono venuti
a prendersi gioco di me nella stanza in cui ero malato,
promettendo aiuto – oh! Erano di certo false promesse
– se avessi detto che avevo mentito e che Tu, Gesù, non
eri il Neonato Salvatore?! Ma non potevo mentire. Se
avessi mentito avrei negato la mia gioia, avrei ucciso
la mia unica speranza, avrei rifiutato Te, mio Signore!
Rifiutarti! Nella mia buia miseria nella mia triste malattia
c'era sempre un cielo cosparso di stelle su di me: il
volto di mia madre che era l'unica gioia della mia vita di

orfano, il volto di una sposa che non fu mai mia e che ho
continuato ad amare anche dopo la sua morte. Queste
furono le due stelle minori. E le due stelle maggiori, come
due lune purissime: Giuseppe e Maria che sorridevano
al Bambino appena nato e a noi poveri pastori, e il tuo
luminoso, innocente, santo, santo, santo volto, al centro
del cielo del mio cuore. Non potevo respingere quel mio
cielo! Non volevo privarmi della sua luce perché non
ne esiste una più pura. Avrei piuttosto rifiutato la mia
stessa vita o avrei vissuto sotto tortura piuttosto che
rifiutarti, Mio benedetto ricordo, mio Neonato Gesù!"

Gesù posa la mano sulla spalla di Isacco e sorride.
"Allora prosegui?" insiste Giuda.
"Sì. Oggi, domani e ancora dopodomani. Qualcuno
arriverà."
"Quanto durerà il lavoro?"
"Non lo so. Ma credimi. Non basta guardare indietro
o avanti e fare le cose giorno per giorno. E di sera, se
abbiamo lavorato con profitto, diciamo: 'Grazie, mio
Dio'. Senza profitto, dici solo: 'Spero nel Tuo aiuto per
domani.'"
"Tu sei saggio."
"Non so nemmeno cosa vuol dire. Ma io faccio nella mia
missione ciò che facevo nella mia malattia. Trent'anni di
infermità non sono una cosa da niente!"
"Ehi! Ci credo. Io non ero ancora nato e tu eri già un
invalido."
"Ero malato. Ma non ho mai contato quegli anni. Non ho
mai detto: 'Ora è di nuovo il mese di Nisan, ma io non
rifiorirò con le rose. Ora è Tishri e io soffro ancora qui.'
Ho continuato a parlare di Lui sia a me stesso che alla

gente buona. Mi rendevo conto che gli anni passavano
perché i piccoli dei giorni passati venivano a portarmi
i loro confetti nuziali o i dolci per la nascita dei loro
piccoli. Ora, se guardo indietro, ora che da vecchio sono
diventato giovane, cosa vedo del mio passato? Nulla. E'
passato."
"Nulla qui. Ma nel 'Paradiso' c'è tutto per te, Isacco, e
quel 'tutto' ti aspetta' dice Gesù. E poi, parlando a tutti:

"Dovete fare così. Lo faccio Io stesso. Dobbiamo andare
avanti. Senza stancarci. La stanchezza è una delle radici
dell'orgoglio umano. E così la fretta. Perché l'uomo è
annoiato dalle sconfitte? Perché è turbato dalle attese?
Perché l'orgoglio dice: 'Perché dirmi di no? Tanta attesa
per me? Questa è una mancanza di rispetto per l'apostolo
di Dio.' No, amici Miei. Guardate l'intero universo e
pensate a Colui Che l'ha creato. Meditate sul progresso
dell'uomo e considerate le sue origini.

Pensate a quest'ora che ora sta terminando e contate
quanti secoli l'hanno preceduta. L'universo è il lavoro di
una creazione calma. Il Padre non fece le cose in maniera
disordinata; creò l'universo in fasi successive. L'uomo
è il lavoro di un progresso paziente, l'uomo attuale, e
progredirà sempre più in conoscenza e in potere. E tale
conoscenza e tale potere saranno santi o non santi,
secondo la sua volontà. Ma l'uomo non è diventato subito
esperto. I Primi Genitori, espulsi dal Giardino, dovettero
imparare tutto, lentamente, progressivamente. Dovettero
imparare le cose semplici: che un chicco di grano è più
gustoso se ridotto in farina, poi impastato e poi cotto. E
dovettero imparare come macinarlo e cuocerlo.

Dovettero imparare ad accendere un fuoco. A creare un

indumento osservando la pelliccia degli animali. A creare un rifugio osservando le bestie. A costruire un giaciglio osservando i nidi. Hanno imparato a curarsi con erbe e acqua osservando gli animali che lo fanno per istinto. Hanno imparato a viaggiare attraverso i deserti e i mari, a studiare le stelle, ad andare a cavallo, a bilanciare le barche sull'acqua guardando il guscio di una noce che galleggia sull'acqua di un ruscello. E quanti fallimenti prima del successo!

Ma l'uomo ce l'ha fatta. E andrà oltre. Ma non sarà felice per il suo progresso perché diventerà più esperto nel male che nel bene. Ma farà progressi. Non è la Redenzione un lavoro paziente? Fu decisa secoli e secoli fa. Sta accadendo ora dopo esser stata preparata per secoli. Tutto è pazienza. Perché essere impazienti allora? Può Dio non aver fatto tutto in un lampo? Non era possibile per l'uomo, dotato di ragione, creato dalle mani di Dio, conoscere tutto in un lampo? Non potrei essere arrivato all'inizio dei secoli? Tutto era possibile. Ma niente dev'essere violenza. Niente. La violenza è sempre contraria all'ordine e a Dio, e ciò che proviene da Dio è ordine. Non cercate di essere superiori a Dio."

"Ma allora quando sarai conosciuto?"
"Da chi, Giuda?"
"Dal mondo!"
"Mai!"
"Mai? Ma non sei il Salvatore?"
"Lo sono. Ma il mondo non vuole essere salvato. Solo uno su mille vorrà conoscermi e solo una su diecimila Mi seguirà davvero. E ti dirò di più: non sarò conosciuto nemmeno dai Miei amici più intimi."

"Ma se sono i Tuoi amici intimi, ti conosceranno."
"Sì, Giuda. Mi conosceranno come Gesù, Gesù l'Israelita.
Ma non Mi conosceranno come Colui Che sono..." e con
sconforto rassegnato Gesù apre le mani e, tenendole
rivolte verso l'esterno, continua, con il dolore sul volto,
non guardando né l'uomo né il Paradiso ma solo il
Suo destino futuro di persona tradita "... Io ti dico
solennemente che non sarò conosciuto da tutti i Miei
amici intimi. Conoscere vuol dire amare con lealtà e
virtù.. e ci sarà chi non Mi conoscerà."
"Non dire questo" Lo implora Giovanni.
'Noi Ti seguiamo, per conoscerti sempre meglio" dice
Simone, e i pastori in coro.
"Noi ti seguiamo come seguiremmo una sposa e Tu sei
più caro a noi di quanto lo sarebbe lei; siamo più gelosi di
Te che di una donna..." Dice Giuda

"... Oh! No. Ti conosciamo già tanto da non poterti più
ignorare" e indicando Isacco, Giuda continua "Egli dice
che negare il Tuo ricordo come Neonato sarebbe stato
più doloroso che perdere la sua vita. E Tu non eri che
un neonato. Noi Ti conosciamo come Uomo e Maestro.
Ti ascoltiamo e vediamo le Tue opere. Il Tuo contatto,
il Tuo respiro, il tuo bacio: sono la nostra continua
consacrazione e la nostra continua purificazione. Solo
un demonio potrebbe rifiutarti dopo esserti stato un
compagno così vicino."

"E' vero, Giuda. Ma ce ne sarà uno."
"Guai a lui! Sarò il suo carnefice."
"No. Lascia la giustizia al Padre. Sii il suo redentore.
Il redentore di quest'anima che è incline a Satana. Ma
salutiamo Isacco. E' sera.

Ti benedico, Mio fedele servitore. Ora sai che Lazzaro di Betania è nostro amico è vuole aiutare i Miei amici. Io sto andando. Tu resterai qui. Prepara la terra arida della Giudea per Me. Tornerò in seguito. In caso di necessità sai dove trovarmi. Che la pace sia con te" e Gesù benedice e bacia il suo discepolo.

Ritorno A Nazaret Dopo Aver Lasciato Giona

E' tempo di salutarsi e Gesù e i Suoi discepoli sono sulla porta di una capanna povera, con Giona e altri poveri contadini, illuminati da una luce così debole che sembra lampeggiante.

"Non ti rivedrò più, mio Signore? " chiede Giona. "'Tu hai portato luce ai nostri cuori. La tua gentilezza ha trasformato questi giorni in una festa che durerà per tutta la nostra vita. Ma Tu hai visto come siamo trattati. Un mulo è trattato meglio di noi. E gli alberi ricevono più attenzioni umane; sono soldi. Noi siamo solo macine che guadagnano soldi e siamo usati finché moriamo di troppo lavoro. Ma le Tue parole sono state come tante carezze amorevoli. Il nostro pane è sembrato più ricco e gustoso perché Tu l'hai condiviso con noi; questo pane che egli non dà nemmeno ai suoi cani. Torna a condividerlo con noi, mio Signore. Solo perché sei Tu, oso dirlo. Sarebbe un insulto offrire a chiunque altro un rifugio e del cibo che anche un accattone rifiuterebbe. Ma Tu..."
"Ma Io ci trovo un profumo e un aroma paradisiaco perché in essi c'è fede e amore. Tornerò, Giona. Tornerò. Voi resterete nel vostro posto, legati come un animale

alle aste. Che il vostro posto sia la scala di Giacobbe. E infatti gli angeli vanno e vengono dal Paradiso a voi, raccogliendo attentamente tutti i vostri meriti e portandoli su a Dio. Ma io tornerò da voi. Ad alleviare il vostro spirito. Siatemi fedeli, tutti voi. Oh! Vorrei darvi anche la pace umana. Ma non posso. Devo dirvi: continuate a soffrire. E ciò è molto triste per Qualcuno Che ama..."

"Signore, se Tu ci ami, noi non soffriamo più. Prima non avevamo nessuno che ci amasse... Oh! Se potessi almeno vedere Tua Madre!"

"Non preoccuparti. La porterò da te. Quando il tempo sarà più mite, verrò con Lei. Non rischiare di incorrere in punizioni crudeli per la tua ansia di vederla. Devi aspettarla come aspetti il sorgere di una stella, della stella della sera. Ti apparirà all'improvviso, esattamente come la stella della sera, che un momento prima non c'è e un momento dopo splende nel cielo. E devi considerare che anche ora Ella sta profondendo i Suoi doni d'amore su di te. Saluti a tutti. Che la Mia pace vi protegga dalla durezza di colui che vi tormenta. Saluti, Giona. Non piangere. Hai aspettato tanti anni con fede paziente. Ora ti prometto un'attesa molto breve. Non piangere; non ti lascerò solo. La tua gentilezza asciugò le Mie lacrime quando ero un Bambino appena nato. La mia non è sufficiente ad asciugare le tue?"

"Sì... ma Tu stai andando via... e io devo rimanere qui..."

"Giona, amico Mio, non farmi andar via depresso perché non posso confortarti..."

"Non sto piangendo, mio Signore... Ma come potrò vivere senza vederti, ora che so che sei vivo?"

Gesù accarezza ancora una volta l'infelice uomo anziano

e poi va via. Ma, fermandosi sul bordo dello squallido suolo di trebbiatura, Gesù allunga le braccia e benedice la campagna. Poi parte:

"Cos'hai fatto, Maestro?" Chiede Simone che ha notato il gesto insolito.

"Ho messo un sigillo su tutto. In modo che nessun demonio possa danneggiare le cose e causare problemi a questa gente sventurata. Non potevo fare di più..."

"Maestro, camminiamo un po' più velocemente. Vorrei dirti qualcosa che non voglio che gli altri sentano." Si allontanano dal gruppo e Simone comincia a parlare: "Volevo dirti che Lazzaro ha istruzioni per usare il mio denaro per assistere tutti quelli che glielo richiedono nel nome di Gesù. Non potremmo liberare Giona? Quell'uomo è distrutto e la sua unica gioia è stare con Te. Diamogliela. Quanto vale il suo lavoro qui? Se invece fosse libero, sarebbe il Tuo discepolo in questa pianura bella ma desolata. La gente più ricca di Israele possiede terreni fertili qui e li sfrutta con crudeli estorsioni, traendo un profitto centuplicato dai loro lavoratori. Lo so da anni. Non potrai fermarti qui a lungo, perché la setta dei farisei domina la campagna e non credo che Ti saranno mai amici. Questi lavoratori oppressi e senza speranza sono le persone più infelici di Israele. L'hai sentito Tu stesso, nemmeno a Pasqua hanno pace, né possono pregare, mentre i loro severi padroni, con gesti solenni ed esibizionismi leziosi, assumono posizioni prominenti davanti all'altra gente. Almeno hanno la gioia di sapere che Tu esisti e di ascoltare le Tue parole ripetute loro da qualcuno che non cambierà una lettera. Se sei d'accordo, Maestro, Ti prego di dirmelo e Lazzaro farà ciò che è necessario."

"Simone, sapevo perché avevi dato via tutta la tua proprietà. I pensieri degli uomini mi sono noti. E ti ho amato anche per questo. Facendo felice Giona, tu fai felice Gesù. Oh! Quanto Mi tormenta veder soffrire la gente buona! La mia situazione di povero uomo disprezzato dal mondo Mi affligge solo per quello. Se Giuda Mi sentisse, direbbe: 'Ma Tu non sei la Parola di Dio? Dai l'ordine e queste pietre diverranno oro e pane per i poveri.' Ripeterebbe la tentazione di Satana. Io sono ansioso di soddisfare la fame della gente. Ma non nel modo che piacerebbe a Giuda. Tu non sei ancora abbastanza maturo per afferrare la profondità di ciò che intendo dire. Ma ti dirò: se Dio si occupasse di tutto ruberebbe ai Suoi amici. Li priverebbe dell'opportunità di essere misericordiosi e adempiere al comandamento dell'amore. I miei amici devono possedere questo marchio di Dio in comune con Lui: la santa misericordia che consiste in opere e parole. E l'infelicità di altre persone dà ai Miei amici l'opportunità di praticarla. Hai capito cosa voglio dire?"

"Il tuo pensiero è profondo. Valuterò le Tue parole. E mi umilio perché vedo quanto sono ottuso e quanto è grande Dio Che vuole che ci siano donati i Suoi più dolci attributi in modo che Egli possa chiamarci Suoi figli. Dio si è rivelato a Me nelle sue molteplici perfezioni attraverso ogni raggio di luce con cui Tu illumini il mio cuore. Giorno per giorno, come qualcuno che avanza in un luogo sconosciuto, la conoscenza della Cosa immensa che è la Perfezione Che vuol chiamarci Suoi 'figli' progredisce in me, mi sembra di salire come un aquila o di immergermi come un pesce nelle infinite profondità come il cielo e il mare, e salgo sempre più in alto e mi immergo sempre

più in profondità ma non tocco mai la fine. Ma allora cos'è Dio? "

"Dio è la perfezione irraggiungibile, Dio è la Bellezza Perfetta, Dio è il Potere infinito, Dio è l'incomprensibile Essenza, Dio è la Bontà insuperabile, Dio è l'indistruttibile Misericordia, Dio è l'incommensurabile Saggezza, Dio è l'amore che divenne Dio. Egli è l'Amore! Egli è l'Amore! Tu dici che più conosci Dio nella Sua perfezione, più in alto ti sembra di salire e più in profondità ti sembra di immergerti in due infinite profondità di blu senza sfumatura... Ma quando comprendi che è l'Amore che divenne Dio, tu non salirai o non ti immergerai più nel blu ma in un vortice luminoso e sarai condotto verso una beatitudine che sarà morte e vita per te. Tu possiederai Dio, con una perfezione perfetta, quando, per tua volontà. riuscirai a comprenderlo e meritarlo. Allora sarai fisso nella Sua perfezione."

"O Signore... " esclama Simone, sopraffatto.

Camminano in silenzio fino a raggiungere la strada, dove Gesù si ferma ad aspettare gli altri.

Quando si riuniscono di nuovo, Levi si inginocchia: "Dovrei andare, Maestro. Ma il Tuo servo Ti chiede un favore. Portami da Tua Madre. Quest'uomo è un orfano come me. Non negare a me ciò che hai dato a lui, in modo che io possa vedere il volto di una madre..."

"Vieni. Ciò che viene chiesto nel nome di Mia Madre, lo concedo nel nome di Mia Madre."

Il sole, benché sul punto di tramontare, arde verso il basso sulla cupola grigio-verde dei fitti alberi di ulivo carichi di piccoli frutti ben formati ma penetra il groviglio di rami quel poco che basta a creare qualche piccolo spiraglio di luce, mentre la strada principale, dall'altra parte, chiusa tra due sponde, è un nastro polveroso brillante e abbagliante.

Da solo e camminando velocemente tra gli alberi di ulivo, Gesù sorride tra sé... sorride ancora più felicemente quando raggiunge un promontorio... Nazaret... il suo panorama brillante nel calore del sole ardente... e Gesù comincia a scendere e allunga il passo.
Ora, sulla strada silenziosa e deserta, si è protetto la testa con il Suo mantello e, non preoccupandosi più del sole, cammina così velocemente che il mantello si gonfia ai lati e dietro di Lui in modo che sembri volare.

Di tanto in tanto, la voce di un bambino o di una donna dall'interno di una casa o da un orto raggiunge Gesù, che cammina nelle zone ombreggiate create degli alberi dei giardini i cui rami si estendono sulla strada. Egli svolta in una strada mezza ombreggiata dove ci sono donne radunate attorno a un pozzo di acqua fresca e tutte Lo salutano, dandogli il benvenuto con le loro voci acute.

"Pace a tutte voi... ma per favore fate silenzio. Voglio fare una sorpresa a Mia Madre."
"Sua cognata è appena andata via con una caraffa di acqua fresca. Ma sta tornando. Sono rimaste senz'acqua. O la primavera è secca o l'acqua viene assorbita dalla terra arida che raggiunge il Tuo giardino. Non lo sappiamo. E' così che stava dicendo Maria di Alfeo. Eccola... sta tornando."
Non avendo ancora visto Gesù, la madre di Giuda e

Giacomo, con un'anfora sulla testa e un'altra in mano, sta gridando: sarà più veloce così. Maria è molto triste, perché il Suoi fiori stanno morendo di sete. Sono quelli piantati da Giuseppe e Gesù e le spezza il cuore vederli seccare."

"Ma ora che Mi vedrà..." dice Gesù apparendo da dietro al gruppo di donne.

"Oh! Mio Gesù. Tu sei benedetto! Vado a dirlo..."

"No. Vado io. Dammi le anfore."

"La porta è mezza chiusa. Maria è nel giardino. Oh! Come sarà felice! Stava parlando di Te anche stamattina. Ma perché sei venuto con questo caldo! Sei tutto sudato! Siete tutti benedetti. Sei da solo?"

"No. Con amici. Ma sono arrivato prima di loro per vedere Mia Madre per primo. E Giuda?"

"E' a Cafarnao. Ci va spesso." Dice Maria. E sorride, asciugando il volto di Gesù con il suo velo.

Le brocche sono ora pronte, Gesù ne prende due, legandole alle due estremità della sua cintura che si getta attorno alla spalla e poi ne prende una terza in mano. Poi si incammina, svolta ad un angolo, raggiunge la casa, apre la porta, entra nella piccola stanza che sembra buia in confronto al sole splendente all'esterno. Lentamente, alza la tenda della porta del giardino e osserva.

Maria è di spalle alla casa, accanto a un cespuglio di rose, a compiangere la pianta secca. Gesù posa la brocca sul pavimento e il rame tintinna contro una roccia. "Sei già qui, Maria?" Dice Sua Madre senza voltarsi.

"Vieni, vieni, guarda queste rose! E questi poveri gigli. Moriranno tutti se non li curerò. Porta anche qualche piccola canna per reggere questo stelo cadente."

"Ti porterò tutto, Madre."

Maria si volta di scatto e per un momento rimane con gli occhi spalancati, poi con un grido corre a braccia aperte verso Sua Figlio, Che ha già aperto le Sue braccia e La aspetta con il sorriso più amorevole.

"Oh! Figlio Mio!"

"Madre!"

"Caro!!"

Il loro abbraccio è lungo e amorevole e Maria è così felice che non sente quanto è accaldato Gesù. Ma poi lo nota: "Perché, Figlio Mio, sei venuto a quest'ora del giorno? Sei porpora e sudato come una spugna bagnata. Entra. In modo che possa asciugarti e rinfrescarti. Ti porterò una tunica e dei sandali puliti. Figlio Mio! Figlio Mio! Perché andare in giro con questo caldo! Le piante stanno morendo per il caldo e Tu, Mio Fiore, vai in giro."

"Era per venire da Te prima possibile, Madre."

"Oh! Mio caro! Hai sete? Devi averne. Ora Ti preparo..."

"Sì, ho sete dei Tuoi baci, Madre. E delle Tue carezze. Fammi restare così, con la testa sulla Tua spalla, come quando ero un bambino... Oh! Madre! Quanto Mi manchi!"

"Chiamami, Figlio, e Io verrò da Te. Cosa Ti è mancato per la Mia assenza? Il cibo che Ti piace? I vestiti puliti? Un letto ben fatto? Oh! Mia Gioia, dimmi cosa ti è mancato. La Tua servitrice, Mio Signore, si adopererà per fornirtelo."

"Nient'altro che Te..."

Mano nella mano, Madre e Figlio entrano in casa. Gesù si siede di spalle al muro, abbraccia Maria Che è di fronte a Lui, appoggiando la testa sul Suo cuore e baciandola di tanto in tanto. Poi La guarda: "Lascia che Ti guardi per la

gioia del Mio cuore, Mia santa Madre."
"Prima la tua tunica. Non ti fa bene rimanere così
bagnato. Vieni." Gesù obbedisce. Quando torna indietro,
indossando una tunica pulita, riprendono la loro dolce
conversazione.
"Sono venuto con i miei discepoli e amici ma li ho lasciati
nel bosco di Melcha. Arriveranno domani all'alba. Io...
non potevo più aspettare. Madre Mia!... " E Le bacia
le mani. "Maria di Alfeo è andata via per lasciarci soli.
Anche lei ha compreso quanto ero ansioso di stare con
Te. Domani... domani penserai ai miei amici ed Io ai
nazareni. Ma stasera Tu sei la mia amica e Io il Tuo. Ti
ho portato... Oh! Madre: ho trovato i pastori di Betlemme.
E Ti ho portato due di loro: sono orfani e Tu sei la madre
di tutti gli uomini. E ancora di più degli orfani. E Ti ho
portato anche uno che ha bisogno di Te per controllarsi.
E un altro che è un uomo giusto e ha sofferto tanto. E
poi Giovanni... E ti ho portato i ricordi di Elia, Isacco,
Tobia, che ora si chiamano Matteo, Giovanni e Simeone.
Giona è il più infelice di tutti. Ti porterò da lui... gliel'ho
promesso. Continuerò a cercare gli altri. Samuele e
Giuseppe riposano nella pace di Dio."
"Sei stato a Betlemme?"
"Sì, Madre. Ho portato i discepoli che erano con Me. E Ti
ho portato questi fiorellini, che crescevano accanto alle
pietre sulla soglia."
"Oh!" Maria prende gli steli secchi e li bacia. "E Anna?"
"Morì nel Massacro di Erode."
"Oh! Povera donna! Ti voleva tanto bene!"
"I betlemmiti hanno sofferto tanto. Ma sono stati ingiusti
con i pastori. Ma hanno sofferto tanto..."
"Ma sono stati buoni con Te allora!"

"Sì. E per questo devono essere compatiti. Satana è geloso della gentilezza passata e li spinge ad azioni malvagie. Sono stato anche a Hebron. I pastori, perseguitati..."

"Oh! Fino a questo punto?!"

"Sì, furono aiutati da Zaccaria, che procurò loro un lavoro e del cibo, anche se i loro maestri erano persone crudeli. Ma sono anime giuste e hanno trasformato le loro persecuzioni e ferite in meriti di vera santità. Li ho riuniti assieme. Ho curato Isacco... e ho dato il Mio nome a un bambino... A Juttah, dove Isacco languiva e dove è ritornato alla vita, ora c'è un gruppo innocente, chiamato Maria, Giuseppe e Jesai..."

"Oh! Il Tuo Nome!"

"E il Tuo e il nome del Giusto. E a Kariot, la terra natale di un discepolo, un fedele israelita morto sul Mio cuore. Pieno di gioia per l'avermi trovato... e poi... Ah! Quante cose ho da raccontarti, Mia Amica perfetta, dolce Madre! Ma prima di tutto, Ti prego, Ti chiedo di avere tanta misericordia di coloro che arriveranno domani. Ascolta: essi Mi amano... ma non sono perfetti. Tu, Maestra di Virtù... Oh! Madre, aiutami a renderli buoni... vorrei salvarli tutti..." Gesù è scivolato ai piedi di Maria. Ella appare ora nella Sua maestà materna.

"Figlio Mio! Cosa vuoi che la Tua povera Madre faccia meglio di ciò che Tu fai?"

"Santificarli... La Tua virtù santifica. Li ho portati qui di proposito, Madre... un giorno Ti dirò: 'Vieni', perché allora sarà urgente santificare le anime, in modo che Io possa trovarle volenterose di essere redente. E non sarò in grado di farlo da solo... Il Tuo silenzio sarà eloquente quanto le Mie parole. La tua purezza assisterà il Mio potere. La Tua presenza terrà lontano Satana... E Tuo Figlio, Madre, si sentirà più forte sapendo che Tu sei accanto a Lui. Tu verrai, vero, dolce Madre?"

"Gesù! Caro Figlio! Ho la sensazione che Tu non sia felice... Cosa succede, Creatura del Mio cuore? Il mondo Ti è stato ostile? No? E' un sollievo crederlo... ma... Oh! Sì. Verrò. Ovunque Tu desideri, e ogni volta che lo desideri. Anche ora, in questo sole cocente, o di notte, al freddo o con la pioggia. Mi desideri? Eccomi."

"No. Non ora. Ma un giorno... Com'è dolce la Nostra casa. E le Tue carezze! Lasciami dormire così, con la testa sulle Tue ginocchia. Sono così stanco! Sono ancora il Tuo Bambino..." E Gesù si addormenta davvero, stanco ed esausto, seduto sul tappeto, con la testa sul grembo di Sua Madre, che Gli accarezza felicemente i capelli.

Il Giorno Dopo Nella Casa Di Nazaret

All'alba del giorno seguente, Maria, nel suo vestito azzurro chiaro, scalza, leggera e silenziosa come una farfalla, si muove attivamente per la casa, toccando la parete e altre cose. Poi, con attenzione, apre la porta principale senza far rumore, guarda la strada deserta e lascia la porta semiaperta.

Mette in ordine, apre le porte e le finestre, va nella bottega - da tempo abbandonata dal Carpentiere e dove Ella ora tiene i Suoi telai - e si affaccenda anche lì dentro; attentamente, copre uno dei telai alimentato con la parte iniziale di un nuovo tessuto e sorride ai Suoi pensieri, guardandolo.

Fuori, nel giardino, le colombe si radunano sulle Sue spalle e, con brevi voli da una spalla all'altra, litigiose e gelose del Suo amore, l'accompagnano all'armadietto del cibo dove trova un po' di mangime per esse.

"Qui, restate qui oggi. Non fate rumore. Egli è così stanco!"
Poi prende della farina nell'anticamera del forno di pietra

e comincia a preparare il pane, lavorandolo e sorridendo con gioia. Com'è sorridente la Madre oggi. Ancora una volta, Ella è la giovane Madre della Natività, resa di nuovo giovane dalla Sua gioia. Separa un panetto di impasto e lo mette da parte, lo copre e riprende a lavorare, riscaldandosi mentre i Suoi capelli si schiariscono impolverandosi leggermente di farina.

Tranquillamente, arriva Maria di Alfeo. "Sei già al lavoro?"

"Sì, sto preparando il pane, e guarda: i dolci al miele che Gli piacciono tanto."

"Tu prepara i dolci. L'impasto è piuttosto pesante. Lo lavoro io per Te."

Maria di Alfeo, una donna di campagna più robusta, lavora il pane con entusiasmo, mentre Maria mescola il burro e il miele ai dolci. Ne fa tanti di forma rotonda e li dispone su una piastra di metallo.

"Non so come avvisare Giuda... Giacomo non osa... e gli altri..."

Maria di Alfeo sospira.

"Simon Pietro arriva oggi. Viene sempre con il pane il secondo giorno dopo lo Shabbat. Lo manderemo da Giuda."

"Se vorrà venire..."

"Oh! Simone non Mi dice mai di no."

"La pace sia in questo vostro giorno" dice Gesù affacciandosi. Le due donne sobbalzano, sentendo la Sua voce.

"Ti sei già alzato? Perché? Volevo che dormissi..."

"Ho dormito come un bambino nella sua culla, Madre.

Temo che Tu non abbia dormito..."
"Ti ho guardato dormire... lo facevo sempre quando eri
bambino. Sorridevi sempre nel sonno e quel Tuo sorriso
restava tutto il giorno nel Mio cuore come una perla...
Ma la notte scorsa, Figlio Mio, non sorridevi. Continuavi
a sospirare come se fossi afflitto..." Maria, addolorata, Lo
guarda.
"Ero stanco, Madre. Il mondo non è come questa casa,
dove tutto è onestà e amore. Tu... Tu sai Chi sono
e quindi puoi capire cosa significhi per Me essere a
contatto con il mondo. E' come camminare lungo una
strada ripugnante e fangosa. Anche stando attenti, ci
si imbratterà di fango e il cattivo odore ci penetrerà
addosso anche sforzandosi di non respirare... e se si
ama la pulizia e l'aria pura, puoi immaginare quanto sia
problematico..."
"Sì, Figlio Mio, capisco. Ma Mi addolora che Tu debba
soffrire..."
"Ora sono con Te e non soffro. C'è solo il ricordo... Ma
serve ad accrescere la gioia di stare con Te." E Gesù si
piega a baciare Sua Madre.

Accarezza anche l'altra Maria, che è appena entrata tutta
arrossata, dopo aver acceso il forno.
"Dobbiamo informare Giuda." E' la preoccupazione di
Maria di Alfeo.
"Non è necessario. Giuda ci sarà, oggi."
"Come fai a saperlo?" Gesù sorride ed è silenzioso.
"Figlio Mio, ogni settimana, in questo giorno, viene qui
Simon Pietro. Viene e portare il pesce pescato a notte
fonda. E arriva poco dopo l'alba. Sarà felice oggi. Simone
è buono. Ci aiuta sempre quando è qui. Vero, Maria?"
"Simon Pietro è onesto e buono" dice Gesù. "Ma anche

l'altro Simone che vedrai tra poco è un uomo di cuore. Sto andando ad incontrarlo. Staranno per arrivare. " E Gesù esce mentre le donne mettono il pane in forno ed entrano in casa, dove Maria calza i sandali e torna indossando un vestito di lino candido.

Passa un po' di tempo e, mentre aspettano, Maria di Alfeo dice:

"Non hai avuto il tempo di finire quel lavoro."
"Lo finirò presto. E il Mio Gesù avrà il sollievo dell'ombra senza carichi sulla testa."

La porta viene aperta dall'esterno.

"Madre: ecco i Miei amici. Entrate."

I discepoli e i pastori entrano insieme. Gesù tiene per le spalle i due pastori e li conduce verso Sua Madre.

"Ecco due figli in cerca di una madre. Sii la loro gioia, Donna."
"Siete i benvenuti... Tu?... Levi... Tu? Non so, ma in base alla tua età, come Egli Mi ha detto, devi essere Giuseppe. Quel nome è dolce e sacro in questa casa. Venite, venite.

E' con gioia che vi dico: La mia casa vi dà il benvenuto e una Madre ti abbraccia, in ricordo dell'amore che tuo padre ebbe per il Mio Bambino."

I pastori sembrano senza parole, per quanto sono rapiti.

"Sì, io sono Maria. Tu vedesti la Madre felice. Sono sempre la stessa. Anche ora sono felice di vedere Mio Figlio in mezzo a cuori fedeli."
"E questo è Simone, Madre."
"Tu hai meritato la grazia perché sei buono. Lo so. E che la grazia di Dio sia sempre con te."

Simone, che ha più esperienza dei costumi del mondo,
si inchina, con le braccia incrociate sul petto, e dice: "Io
Ti saluto, vera Madre di Grazia e ora che ho incontrato
sia la Luce che Te, Che sei più gentile della luna, non
chiederò altro al Padre Eterno."

"E questo è Giuda di Kariot."

"Io ho una madre ma il mio amore per lei svanisce in
confronto alla venerazione che provo per Te. "

"No, non per Me. Per Lui. Io esisto solo perché esiste Lui.
Non voglio niente per Me.

Chiedo solo per Lui. So come hai onorato Mio figlio nella
tua città. Ma ti dico:

fa che il tuo cuore sia il posto da cui Egli riceverà i
più grandi onori da te. Allora ti benedirò con un cuore
materno."

"Il Mio cuore è sotto i piedi di Tuo Figlio. Una dolce
oppressione. Solo la morte scioglierà al mia fedeltà."

"E questo è il nostro Giovanni, Madre."

"Non sono più preoccupata da quando so che Tu sei con
il Mio Gesù. Ti conosco e la Mia mente è in pace quando
so che sei con Mio Figlio. Ti benedico, Mia pace." Lo
bacia.

La voce roca di Pietro si sente dall'esterno:

"Ecco il povero Simone che porta i suoi saluti e..." Egli
entra ed è ammutolito. Poi getta per terra il cesto rotondo
che pendeva dalla sua spalla e si getta in ginocchio
dicendo:

"Ah! Signore Eterno! Ma... No, non dovresti avermi fatto
questo, Maestro! Tu sei qui... e non l'hai fatto sapere al
povero Simone! Che Dio Ti banedica, Maestro! Come sono
felice! Non potevo più sopportare di stare ancora senza di
Te!" E accarezza la mano di Gesù senza ascoltarlo mentre

Egli continua a ripetere:

"Alzati, Simone. Ti alzi?"

"Sì, mi alzo. Ma... Ehi, tu, ragazzo! ..." Dice Pietro a
Giovanni "... almeno tu potevi venire a dirmelo. Ora corri.
Vai a Cafarnao e dillo agli altri... e prima di tutto a casa
di Giuda. Tuo figlio sta per arrivare, donna... Fai presto.
Immagina di essere una lepre rincorsa da un cane."
Giovanni esce ridendo.

Pietro, finalmente alzatosi, tiene ancora la mano sottile
di Gesù nelle sue, tozze e segnate da vene rigonfie, e la
bacia senza lasciarla andare, sebbene egli appaia anche
ansioso di porgere il pesce che è nel cesto sul pavimento.

"Eh no! Non voglio che Tu vada di nuovo via senza di
me. Mai più, mai più così tanto tempo senza vederti!
Ti seguirò come un'ombra segue un corpo e una fune
segue l'ancora. Dove sei stato, Maestro? Continuavo a
chiedermi: 'Oh! Dove sarà? Che starà facendo? E quel
ragazzo, Giovanni, sarà in grado di badare a Lui? Si
assicurerà che Gesù non si stanchi troppo? Che non
rimanga senza cibo?' Eh! Ti conosco... hai perso peso! Sì.
Non si è preso cura di Te abbastanza. Glielo dirò... Ma
dove sei stato, Maestro? Non mi stai dicendo niente!"

"Sto aspettando che tu Mi dia l'occasione di dire una
parola!"

"E' vero. Ma... Ah! Vederti è come avere un nuovo vino.
Ti dà alla testa solo per l'odore. Oh! Mio Gesù." Pietro è
quasi in lacrime dalla gioia.

"Anche tu Mi sei mancato. Mi siete mancati tutti, sebbene
fossi con cari amici. Ecco, Pietro. Questi due uomini Mi
hanno amato da quando ero un Neonato. Anche di più!
Hanno sofferto a causa Mia. Ecco un figlio che ha perso
suo padre e sua madre per colpa Mia. Ma ora ha tanti

fratelli in tutti voi, vero?"

"Certo, Maestro. Se per caso il Diavolo dovesse amarti, io lo amerei perché egli Ti ama. Vedo che anche voi siete poveri. Quindi siamo uguali. Venite qui in modo che possa baciarvi. Sono un pescatore ma il mio cuore è più tenero di quello di una colomba. Ed è sincero. Non fateci caso, se sono rude. Sono duro fuori. Dentro sono tutto burro e miele. Ma con la gente buona... perché con i cattivi..."

"E questo è il nuovo discepolo."

"Credo di averlo già incontrato..."

"Sì, è Giuda di Kariot e il Tuo Gesù è stato il benvenuto in quella città grazie a lui. Vi chiedo di amarvi l'un l'altro, anche se siete di regioni diverse. Siete tutti fratelli nel Signore."

"E lo tratterò come tale, se sarà tale. Eh! Sì..." Pietro guarda Giuda, un franco sguardo di avvertimento, "sì, posso anche dire così, in modo che tu mi capisca subito e bene. Ti dirò: non ho una buona opinione dei Giudei in generale e dei cittadini di Gerusalemme in particolare. Ma sono onesto. E per la mia onestà ti posso assicurare che metterò da parte tutte le idee che ho di te e voglio vedere in te solo un fratello discepolo. Sta a te ora non farmi cambiare idea e decisione."

"Hai simili preconcetti anche su di me, Simone?" Chiede lo Zelota sorridendo.

"Oh! Non ti avevo visto. Riguardo a te? Oh! No. L'onestà è dipinta sul tuo volto. Il tuo cuore emana bontà, come olio profumato da un vaso poroso. E sei un uomo anziano, che non è sempre un merito. A volte, con l'età, si diventa ancora più falsi e peggiori. Ma tu sei come quelli che si comportano come il vino invecchiato. Più invecchiano,

più diventano buoni e puri."

"Hai giudicato correttamente, Pietro" dice Gesù. "Ora venite. Mentre le donne lavorano per noi, fermiamoci sotto il fresco pergolato. Com'è bello essere tra amici! Poi, andremo tutti insieme attraverso la Galilea e più lontano. Beh, non tutti. Ora che Levi è soddisfatto, tornerà da Elia a dirgli che Maria gli porta i saluti. Giusto, Madre?"

"Che lo benedico, come Isacco e gli altri. Mio Figlio ha promesso di portarmi con Sé... e verrà da voi, i primi amici del Mio Bambino."

"Maestro, vorrei che Levi portasse a Lazzaro la lettera di cui sai."

"L'ho preparata, Simone. Oggi è un giorno di festa. Levi andrà via domani sera. In tempo per lo Shabbat. Venite, Miei amici..."

Ed escono nel verde orto.

Gesù Sul Lago Di Tiberiade. Lezioni Ai Suoi Discepoli Accanto Alla Stessa Città

Gesù e i Suoi tredici discepoli sono in due barche sul lago di Galilea; Gesù è sulla barca di Pietro, con Andrea, Simone, Giuseppe e i due cugini di Gesù, Giuda Taddeo e Giacomo.

I due figli di Zebedeo - Giovanni e Giacomo - sono nell'altra barca con Giuda Iscariota, Filippo, Tommaso, Natanaele e Matteo.

Le due barche, non essendo usate per pescare ma solo per trasportare passeggeri, navigano velocemente, spinte da un freddo vento dal nord che increspa leggermente l'acqua lasciando un fine ricamo di schiuma sul turchese dello splendido lago limpido.

Le due barche navigano assieme - con la barca di Pietro pochi metri più avanti rispetto alla seconda barca - lasciando due scie che si incrociano quasi subito, formando una piacevole spuma scintillante.

Trovandosi a pochi metri di distanza, i discepoli si scambiano osservazioni e commenti; i galilei illustrano e spiegano i vari punti del lago ai giudei, i loro commerci, la gente importante che vive in zona, la distanza da Cafarnao, da cui sono partiti, al punto di arrivo a Tiberiade.

Seduto a prua, Gesù si gode le bellezze della natura che
Lo circonda; la quiete, il cielo azzurro e il lago blu con i
suoi confini circolari di verdi spiagge, dove molti villaggi
bianchi si stagliano sul verde della campagna.

Quasi disteso su un mucchio di vele di fronte alla prua,
Egli non presta attenzione ai discorsi dei discepoli.
Spesso abbassa la testa per guardare lo specchio del lago
color zaffiro, come per studiarne la profondità e le
creature che vivono nell'acqua limpida.
Due volte Pietro si rivolge a Lui per chiedergli se Gli dà
fastidio il sole, già sorto a est e che ora splende sulla
barca, pieno e caldo, benché non cocente. La seconda
volta, Piero chiede anche se Gesù vuole del pane e
formaggio come gli altri. Ma Gesù non desidera né riparo
né pane e Pietro Lo lascia in pace.

Alcune piccole barche di turisti - delle dimensioni di una
scialuppa - dotate di tettoie purpuree e morbidi cuscini,
attraversano la rotta delle barche dei pescatori
accompagnate da urla, scoppi di risate e dall'odore di
profumi. Le barche di turisti sono piene di belle donne,
allegri romani, alcuni palestinesi e qualche greco. Un
giovane asciutto, scuro come un'oliva quasi matura e
elegantemente vestito con una corta tunica rossa con
pesanti frange greche e stretta in vita da una cintura che
è il capolavoro di un fabbro, dice:
"La Grecia è bella! Ma nemmeno la mia terra natale
dell'Olimpo ha questo blu e questi fiori. Non è proprio
sorprendente che le dee l'abbiano lasciata per venire qui.
Spargiamo fiori, rose e i nostri complimenti sulle dee, non
più greche ma giudee..." E sparge, sulle donne sulla sua

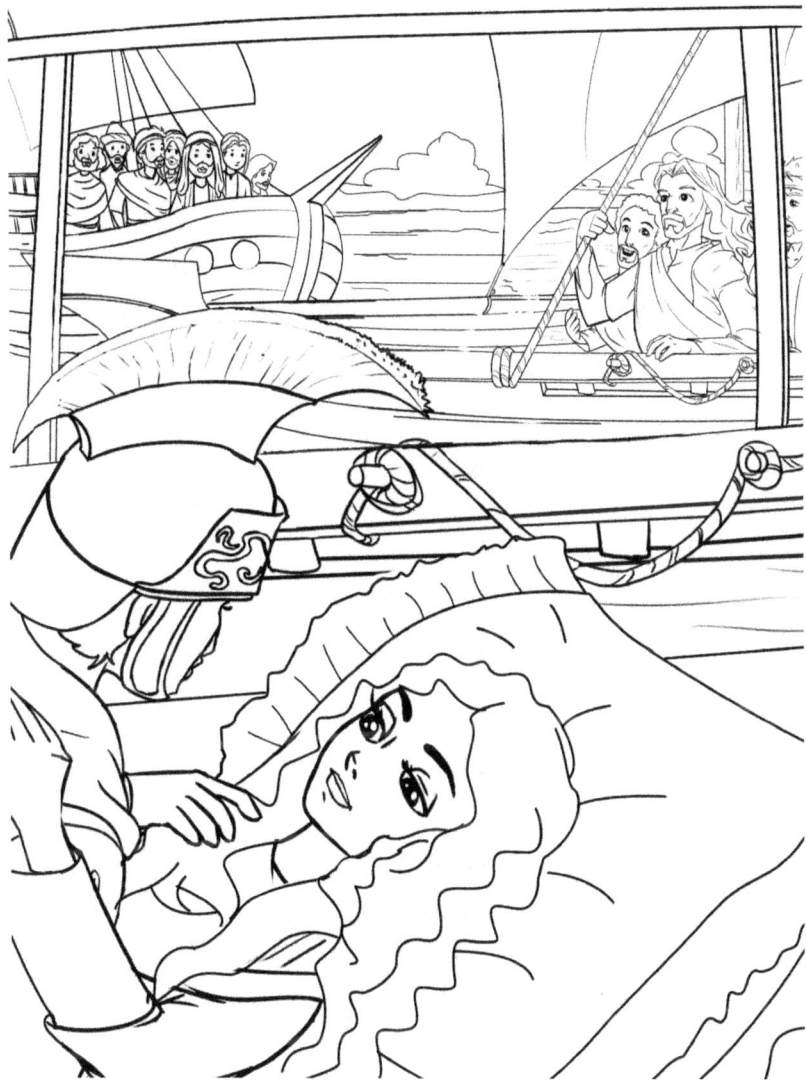

barca, petali di magnifiche rose e ne getta alcuni sulla barca vicina.

Un romano risponde: "Spargile, spargile, greco! Ma Venere è con me. Io non spargo rose, le raccolgo da questa bella bocca. E' più dolce!" E, chinandosi, bacia le labbra aperte e sorridenti di Maria di Magdala, che è distesa sui cuscini con le sua testa bionda sul grembo del romano.

Le due piccole barche sono ora di fronte alle due grandi e, a causa dell'inesperienza dei rematori e anche delle improvvise folate di vento, le barche quasi si scontrano.

"State attenti, se le vostre vite vi sono care" urla Pietro, che vira al massimo e muove il timone per evitare una collisione. Insulti degli uomini e urla di paura delle donne volano da una barca all'altra.

"Spostatevi, voi sporchi cani giudei", i romani insultano i galilei.

Pietro e gli altri galilei non lasciano passare gli insulti. Pietro, arrossendo come un galletto, si staglia sul bordo della barca che si inchina selvaggiamente e, con le mani sui fianchi, rende pan per focaccia non risparmiando romani, greci, ebrei o ebree. Assale le donne con titoli talmente cortesi da non essere ripetibili e il litigio va avanti finché il groviglio di chiglie e remi si scioglie e prendono tutti strade diverse.

Mentre accade tutto ciò, Gesù non si muove dal suo posto e rimane seduto, con la mente lontana, senza uno sguardo o una parola alle barche o ai passeggeri.

Appoggiato a un gomito, guarda la riva lontana, come se
non stesse accadendo nulla. Una donna Gli lancia un
fiore e ride ma Egli non si muove. Il fiore quasi Gli
colpisce il volto, poi cade sulle tavole e finisce ai piedi del
furioso Pietro.

Quando le barche stanno per allontanarsi, la Maddalena
si alza e, seguendo l'indicazione di uno dei suoi compagni
di vizio, volta i suoi bellissimi occhi verso il volto sereno
di Gesù, la Cui mente è ancora così lontana. Com'è
lontano da questo mondo quel volto!...

"Dimmi, Simone!" Chiede Giuda Iscariota. "Poiché tu sei
un giudeo come me, dimmi. Quella bella bionda in
grembo al romano, quella che si è alzata in piedi qualche
minuto fa, non è la sorella di Lazzaro di Betania?"

"Non lo so" è la pronta risposta di Simone il
Cananeo. "Sono tornato tra i viventi solo poco tempo da
ed ella è una giovane donna..."

"Non mi starai dicendo che non conosci Lazzaro di
Betania, spero! So bene che sei suo amico e che sei stato
da lui anche con il Maestro."

"E se così fosse?"

"Ed essendo così, dico che devi anche conoscere la
peccatrice che è la sorella di Lazzaro! Anche i morti la
conoscono. La gente parla di lei da dieci anni. Ha
cominciato ad essere frivola appena ha raggiunto la
pubertà. Ma per più di quattro anni! Devi essere a
conoscenza dello scandalo, anche se eri nella 'valle dei
morti'. Tutta Gerusalemme ha parlato di lei. E Lazzaro si
è rinchiuso a Betania... Ha fatto la cosa giusta, dopo
tutto. Nessuno avrebbe messo piede nella sua magnifica
casa di Sion, da dove ella anche andava e veniva. Voglio

dire: nessuna santa persona vivente. In campagna...
beh!... In ogni caso è sempre in giro... ma mai a casa, è
certamente a Magdala ora... con un nuovo amante... non
mi rispondi? Puoi smentirmi?"
"Non ti sto smentendo. Sono in silenzio. "
"Allora è lei! L'hai riconosciuta anche tu!"
"L'ho vista quando era bambina e allora era pura. L'ho
rivista ora... ma la riconosco. Sebbene lasciva, è
l'immagine vivente di sua madre, una santa donna. "
"Beh, allora perché eri sul punto di negare che è la
sorella del tuo amico?"
"Cerchiamo sempre di nascondere i nostri mali e quelli
delle persone che amiamo. Soprattutto quando si è
onesti!"
Giuda ride forzatamente.
"Hai piuttosto ragione, Simone. E sei onesto" osserva
Pietro.
"E tu l'hai riconosciuta? Sei certamente andato a
Magdala a vendere il pesce e mi chiedo quante volte tu
l'abbia vista!..."
"Ragazzo mio, devi sapere che quando hai la schiena
spezzata da un'onesta giornata di lavoro, non ti
interessano le donne. Ami solo il letto onesto di tua
moglie. "
"Eh! A tutti piacciono le cose belle! Se non altro per
guardarle."
"Perché? Per dire: 'Non è cibo per la mia tavola'? No,
certamente no. Ho imparato tante cose dal lago e dal mio
lavoro e questa è una: un pesce di acqua fresca e quieta
non è adatto all'acqua salata o vorticosa."
"Cosa intendi? "
"Voglio dire che tutti dovrebbero stare al loro posto per

evitare di morire di una morte atroce."

"La Maddalena ti ha fatto sentire come se stessi per morire?"

"No, io sono duro. Ma dimmi: tu non stai bene, forse?"

"Io? Oh! Non l'ho nemmeno guardata!..."

"Bugiardo! Sono sicuro che eri consumato dall'invidia perché non eri nella sua barca, per essere più vicino a lei... avresti persino sopportato me per starle più vicino... Così tanto che mi onori della tua conversazione a causa sua, dopo così tanti giorni di silenzio. "

"Io? Non mi avrebbe visto! Guardava sempre il Maestro!"

"Ah! Ah! Ah! E dice che non la guardava! Come facevi a vedere dove guardava se tu non la guardavi?"

Tutti ridono all'osservazione di Pietro, eccetto Giuda, Gesù e Simone lo Zelota.

"E' quella Tiberiade?" Chiede Gesù a Pietro, mettendo fine alla discussione, che Egli finge di non aver sentito.

"Sì, Maestro, è quella. Ora mi avvicino."

"Aspetta. Puoi fermarti in quella piccola baia tranquilla? Vorrei parlarti."

"Misuro la profondità e ti faccio sapere. " E Pietro immerge un lungo palo nell'acqua e la sposta lentamente verso la riva. "Sì, posso, Maestro. Devo andare vicino alla riva? "

"Più vicino che puoi. C'è pace e solitudine. Mi piace."

Pietro si dirige verso la riva e quando la barca è a circa quindici metri dalla riva, dice "Ora potrei toccare."

"Fermati. E voi avvicinatevi il più possibile e ascoltate."

Gesù lascia il Suo posto e si siede in mezzo alla barca, su un tronco posto di traverso. I discepoli nella Sua barca si siedono attorno a Lui mentre l'altra barca è di fronte a

Lui.

"Ascoltate. Potreste pensare che Io non abbia prestato attenzione alla vostra conversazione e, di conseguenza, che Io sia un insegnante pigro che non bada ai Suoi allievi. Dovete sapere che la Mia anima non vi abbandona un momento. Avete mai visto un dottore che studia un paziente affetto da una malattia e che presenta sintomi contrastanti? Egli lo tiene d'occhio. Dopo averlo visitato, lo osserva nel sonno e da sveglio, di mattina e di sera, quando parla e quando è silenzioso, perché ogni sintomo può aiutare a identificare la malattia nascosta e suggerire una cura. Io faccio lo stesso con voi. Vi reggo tramite fili invisibili ma molto sensibili, che sono innestati in Me e Mi trasmettono persino le più leggere vibrazioni del vostro ego. Vi permetto di credere che siate liberi, in modo che voi possiate rivelarvi per come siete, cosa che accade quando uno scolaro o un maniaco pensa di non essere osservato dal suo supervisore.

Voi siete un gruppo di persone, ma formate un nucleo, cioè una cosa sola. Pertanto siete un'unità, che è formata come un corpo e che dev'essere studiata nei suoi caratteri individuali, che sono più o meno buoni, per plasmarla, amalgamarla, arrotondarla, accrescerla nelle sue sfaccettature e renderla una perfetta unità. E' per questo che vi studio. E vi studio anche quando dormite. Cosa siete? Cose diventerete? Voi siete il sale della terra. E' questo che dovete diventare: il sale della terra. Con il sale, la carne e molte altre provviste sono preservate dalla putrefazione. Ma se il sale non fosse salato, potrebbe essere usato per salare? Io voglio salare il mondo con voi, per stagionarlo con un aroma celestiale. Ma come

potreste salare se diventaste insipidi?
Cosa vi fa perdere un aroma celestiale? Ciò che è umano.
L'acqua marina, cioè: l'acqua del vero mare, è così salata
da non essere buona da bere, non è così? Tuttavia, se si
prende una tazza di acqua marina e la si versa in
un'anfora di acqua fresca, allora si può bere, perché
l'acqua marina è così diluita da aver perso il suo
carattere pungente. L'umanità è come l'acqua fresca
mescolata alla vostra salinità celestiale. Ancora,
supponete che potessimo prendere un piccolo ruscello
d'acqua dal mare e farlo riversare in questo lago, sareste
in grado di tracciare quel piccolo ruscello? No, si
perderebbe nell'acqua dolce. E' quel che accade in voi
quando immergete o, piuttosto, sommergete la vostra
missione in così tanta umanità.
Voi siete uomini. Lo so. E Io chi sono? Io sono Colui Che
ha tutta la forza possibile. E cosa faccio? Comunico tale
forza a voi dopo avervi chiamato. Ma a cosa serve
comunicarvela, se voi la dissipate sotto valanghe di
influenze e sentimenti umani?
Voi siete, voi dovete essere la luce del mondo. Io vi ho
scelto: Io, la Luce di Dio tra gli uomini, in modo che
possiate continuare a illuminare il mondo, dopo che sarò
tornato dal Padre. Ma potete illuminare se siete lampade
fumose che si sono affievolite? No. Anzi, con il vostro
fumo - un fumo ambiguo è peggio di uno stoppino
completamente estinto - oscurereste la debole luce che i
cuori degli uomini potrebbero ancora avere.
Oh! Infelici saranno coloro che seguiranno gli apostoli
cercando Dio e invece della luce riceveranno fumo!
Sarebbe scandalo e morte per loro. Ma l'apostolo indegno
sarà maledetto e punito. Il vostro destino è grande! Ed è

anche un impegno grande e tremendo! Ma ricordate che
colui che ha ricevuto di più, è obbligato a dare di più. E a
voi è stato dato di più di tutti, sia in termini di
educazione che di doni. Voi siete educati da Me, la Parola
di Dio, e voi ricevete da Dio il dono di essere 'i discepoli',
cioè i continuatori del Figlio di Dio.

Vorrei che meditaste sulla vostra elezione, che vi
esaminaste attentamente, che vi ponderaste... e se
qualcuno sente di essere solo adatto ad essere un
credente - non dico nemmeno: se qualcuno sente di non
essere che un peccatore impenitente; dico soltanto: se
qualcuno sente di essere solo adatto ad essere un
credente - ma non sente la forza di un apostolo, lasciate
che si ritiri.

Il mondo è grande, bello, sufficiente e vario abbastanza
per coloro che lo amano! Offre tutti i fiori e tutti i frutti
adatti allo stomaco e ai sensi. Io offro solo una cosa: la
santità. E sulla terra è la cosa più misera, più povera, più
rudimentale, più spinosa e più perseguitata che esista.
Nel Paradiso la sua miseria si traduce in immensità, la
sua povertà in ricchezza, la sua spinosità in un tappeto
fiorito, la sua durezza in un liscio e piacevole sentiero, la
sua persecuzione in pace e beatitudine. Ma qui essere un
santo è un Lavoro da eroe. Questo è tutto ciò che posso
offrire.

Volete rimanere con Me? Non ve la sentite di rimanere?
Oh! Non siate colpiti o dispiaciuti. Mi sentirete porvi
questa domanda molte volte. E, quando la sentite, vi
prego di pensare che il Mio cuore piange nel porvela,
perché è ferito dalla vostra insensibilità alla vostra
vocazione. Allora esaminate le vostre coscienze, poi
giudicate con onestà e sincerità, poi decidete. Decidete, in

modo che non possiate divenire dannati. Dite 'Maestro, amici, mi rendo conto di non essere adatto a questa vita. Vi saluto e vi dico: pregate per me.' Meglio così che tradire. Meglio così... Cosa dite? Tradire chi? Chi? Me. La Mia causa, che è la causa di Dio perché Io sono una cosa sola con il Padre. E voi stessi, sì, voi tradireste voi stessi, tradireste le vostre anime, cedendole a Satana. Volete rimanere ebrei? Non vi obbligherò a cambiare. Ma non tradite. Non tradite le vostre anime, Cristo e Dio. Giuro che né Io, ne coloro che Mi saranno fedeli vi criticheranno. Né vi faranno disprezzare dalla folla di fedeli. Poco tempo fa uno dei vostri fratelli ha detto una grande cosa: 'Cerchiamo sempre di nascondere i nostri mali e quelli delle persone che amiamo.' E colui che andrebbe via sarebbe un male, un cancro, che dopo essere cresciuto nel nostro corpo apostolico, ne verrebbe fuori per la sua gangrena totale, lasciando un segno doloroso, che sarebbe attentamente nascosto.

No, non piangete, voi che siete i migliori. Non piangete. Non vi serbo rancore, né sono intollerante nel vedervi così lenti. Siete appena stati scelti e non posso aspettarmi che siate perfetti. Non lo chiederò nemmeno dopo qualche anni, dopo aver ripetuto cento o duecento volte le stesse cose invano. Anzi, ascoltate: tra pochi anni sarete meno ferventi di ora che siete novizi.

Così è la vita... così è l'umanità... perdete impeto dopo il primo balzo. Ma" Gesù si alza in piedi "vi giuro che vincerò. Purificati dalla selezione naturale, fortificati da una mistura spirituale, voi, migliori, diventerete i Miei eroi. Gli eroi di Cristo. Gli eroi del Paradiso. Il potere dei cesari sarà come polvere in confronto alla regalità del vostro sacerdozio. Voi, poveri pescatori di Galilea, voi, sconosciuti giudei, voi, semplici numeri nella massa degli uomini attuali, diventerete più famosi, più acclamati, più venerati di Cesare, e di tutti i cesari che il mondo abbia mai avuto o mai avrà. Sarete conosciuti e benedetti nel prossimo futuro e nei secoli più remoti fino alla fine del mondo. Vi assegno a un tale sublime destino perché siete onestamente volenterosi. E sottolineerò gli aspetti essenziali del carattere apostolico, in modo che possiate essere adatti al vostro destino.

Siate sempre vigili e pronti. I vostri lombi dovrebbero essere sempre cinti e le vostre lampade sempre accese come se steste per partire in ogni momento o per correre incontro a qualcuno che sta arrivando. Voi infatti siete e sarete fino alla morte gli infaticabili pellegrini che cercano avventurieri; e finché la morte non le deporrà, le vostre lampade dovranno essere tenute in alto e accese per mostrare la via alle anime smarrite che vengono verso l'ovile di Cristo.

Dovrete essere fedeli al Maestro che vi ha assegnato tale servizio. Sarà ricompensato quel servitore che il Maestro troverà sempre vigile e su cui la morte arriverà in uno stato di grazia. Non potete e non dovete dire: 'Sono giovane, ho tempo per questo e per quello, poi penserò al mio Maestro, alla mia morte, alla mia anima! I giovani muoiono come i vecchi, e i forti come i deboli. E vecchi e giovani, forti e deboli sono ugualmente soggetti agli assalti della tentazione. State attenti perché l'anima può morire prima del corpo e voi potreste inconsapevolmente trasportare un'anima in putrefazione. La morte di un'anima è così impercettibile. Come la morte di un fiore. Non un pianto, non una convulsione... inclina la sua fiamma come una corolla stanca e va via. In seguito, a volte dopo molto tempo, a volte subito dopo, il corpo si accorge di trasportare un cadavere in putrefazione dentro di sé, impazzisce dalla paura e commette suicidio per evitare tale unione... Oh! Non la evita! Cade su un nugolo di serpenti nel Geenna con la sua anima piena di vermi. Non siate disonesti come mediatori o commercianti scorretti, che stanno dalla parte di due clienti opposti. Non siate falsi come politici, che chiamano questo o quell'altro 'amico' mentre sono nemici di entrambi. Non agite in due modi differenti. Non potete deridere Dio o ingannarlo. Comportatevi con gli uomini come fate con Dio perché un insulto a un uomo è un insulto a Dio. Fate in modo che Dio vi veda come volete esser visti dagli uomini.

Siate umili. Non potete rimproverare il vostro Maestro di non esserlo. Io dò l'esempio. Fate come me. Siate umili, gentili, pazienti. E' così che si conquista il mondo. Non con la violenza o la forza. Siate forti e violenti con i vostri vizi. Sradicateli al costo di spezzarvi il cuore. Qualche tempo fa vi ho detto di guardare i vostri occhi. Ma non sapete come fare. Ve lo dico Io: sarebbe meglio diventare ciechi cavando occhi bramosi, che diventare lussuriosi.

Siate sinceri. Io sono la Verità: sia nelle cose sublimi sia in quelle umane. Voglio che anche voi siate genuini. Perché essere ingannevoli con Me, o con i vostri fratelli, o con i vostri vicini? Perché ingannare la gente? Orgogliosi come siete, perché non dite: 'Non voglio che la gente scopra che sono un bugiardo'? E siate sinceri con Dio. Pensate di poterlo ingannare con lunghe e manifeste preghiere? Oh! Poveri figli! Dio vede nei vostri cuori!

Siate puri nel fare il bene. Anche nel porgere l'elemosina.
Un esattore sapeva farlo prima della conversione. E voi
non ne siete capaci? Sì, sto elogiando te, Matteo, per la
tua pura offerta settimanale, che solo il Padre ed Io
sapevamo che fosse tua e ti sto citando come esempio.
Anche quella è una forma di castità, amici Miei. Non
mostrate la vostra bontà come non svestireste una
giovane figlia innanzi a una folla di persone. Siate vergini
nel fare del bene. Una buona azione è vergine quando è
libera da ogni legame con pensieri di orgoglio e di lode, o
da incentivi per l'orgoglio.

Siate fedeli nella vostra vocazione a Dio, non potete
servire due maestri; un letto nuziale non può ospitare
due mogli allo stesso tempo. Dio e Satana non possono
condividere i vostri abbracci. L'uomo non può, né può
Dio o Satana, condividere un abbraccio triplo, in
conflitto, con i tre che si abbracciano. Siate avversi al
desiderio di oro come al desiderio della carne, al desiderio
della carne come al desiderio di potere. Questo è ciò che
Satana vi offre. Oh! Le sue ricchezze ingannevoli! Onore,
successo, potere, ricchezza: mercati osceni dove le vostre
anime sono la valuta legale. Accontentatevi di poco. Dio
vi dà il necessario. E' sufficiente. Lo garantisce a voi come
fa con gli uccelli dell'aria e voi valete molto di più degli
uccelli. Ma Egli vuole fiducia e moderazione da voi. Se voi
vi affiderete a Lui, Egli non vi deluderà. Se sarete
moderati, i Suoi doni quotidiani vi basteranno.

Non siate pagani appartenendo a Dio solo di nome. Sono

pagani coloro che amano l'oro e il potere per apparire semidei più di quanto non amino Dio. Siate santi e sarete come Dio nell'eternità. Non siate intolleranti. Poiché siete tutti peccatori, comportatevi con gli altri come vorreste che gli altri si comportassero con voi: cioè, con misericordia e perdono.

Non giudicate. Oh! Non giudicate! Siete stati con Me solo per poco tempo e non avete ancora visto quante volte Io, benché innocente, sia stato giudicato erroneamente e accusato di peccati inesistenti. Un cattivo giudizio è un insulto. E solo i veri santi non ripagano della stessa moneta l'offensore. Trattenetevi dunque dall'offendere, in modo che non possiate essere offesi. Così non fallirete nei vostri doveri sia nella carità sia nella santa, cara, gentile umiltà. che è nemica di Satana, assieme alla castità. Perdonate, perdonate sempre. Dite: 'Io perdono, Padre, in modo da poter essere perdonato da Te per i miei innumerevoli peccati.'

Migliorare di ora in ora, con la pazienza, la perseveranza e l'eroismo. Chi vi ha detto che non sia doloroso diventare buoni? Anzi, vi dico: è la fatica più dura. Ma la ricompensa è il Paradiso, pertanto vale la pena di stancarsi in tale fatica.

E amate. Oh! Che parole dovrei usare per convincervi ad amare? Nessuno è adatto a convertirvi all'amore, poveri uomini, istigati da Satana! Allora dico: 'Padre, accelera il tempo della purificazione. Questa terra e questo Tuo gregge sono aridi e affamati. Ma c'è una rugiada che può purificarli e confortarli. Apri la sua fontana. Aprimi,

Padre. Eccomi, bruciante dal desiderio di compiere la tua volontà, che è anche la Mia e dell'Amore Eterno. Padre, Padre, Padre! Guarda il Tuo Agnello e sii il Suo Sacrificatore.' "

Sinceramente ispirato e in piedi con le braccia distese, in forma di croce e con il volto diretto al cielo, Gesù, nella Sua tunica di lino e con il lago blu dietro di Sé, sembra un arcangelo in preghiera.

Gesù Nella Città Sul Mare Riceve Lettere Riguardanti Giona.

E' una bella città sul mare con un golfo naturale ampio
e protetto, che ha la capacità di accogliere molte barche.
Al porto, reso ancora più sicuro dal massiccio molo, si
trovano antichi galeoni da guerra romani con dei soldati
a bordo. I soldati stanno sbarcando per liberare le truppe
o per rinforzare il presidio.

Gesù e i suoi discepoli sono seduti, a loro agio con i
residenti, nell'umile casa di un pescatore vicino al porto,
probabilmente amici di Pietro e Giovanni. Giuseppe è
assente. E anche Giuda Iscariota.
Parlando informalmente ai membri della famiglia e ad
altra gente venuta ad ascoltarlo, le parole di Gesù sono
piene di consigli e conforto, come solo Egli può dare.

Entra Andrea, di ritorno da una commissione con
alcune pagnotte tra le mani. Timido com'è, arrossisce
nell'avvicinarsi, torturato dall'attenzione che deve attirare
su di sé e, piuttosto che parlare, sussurra:
"Maestro, puoi venire con me? C'è... c'è qualcosa di
buono da fare. Ma solo Tu puoi farlo. "
Senza chiedere di cosa si tratti, Gesù si alza.

"Dove lo stai portando?" Chiede Pietro. "E' così stanco. E' ora di cena. Possono aspettarlo fino a domani."
"No... dev'essere fatto subito. E'..."
"Perché non parli, gazzella spaventata? Come può essere così, un uomo così grosso e robusto!... Sembri un pesciolino catturato nella rete! "
Andrea arrossisce ancora di più e Gesù lo difende, attirandolo a sé. "A me piace così. Lascialo stare. Tuo fratello è come l'acqua salubre. Lavora silenziosamente in profondità, viene fuori dalla terra come un ruscello molto sottile ma cura coloro che vi si avvicinano. Andiamo, Andrea. "
"Vengo anch'io! Voglio vedere dove Ti porta" insiste Pietro.
"No, Maestro. Solo Tu ed io, da soli." Lo implora Andrea.
"Se c'è gente è impossibile. E' una questione d'amore..."
"Che c'è? Stai giocando a fare il testimone ora?"
Ignorando suo fratello, Andrea dice a Gesù: "Un uomo vuol ripudiare sua moglie e... ed io ho parlato. Ma non ne sono capace. Ma se Tu parlassi... oh! Ci riusciresti perché l'uomo non è una cattiva persona. E'... è... te lo dirà lui."
Senza ulteriori indugi, Gesù esce con Andrea.
Pietro è momentaneamente indeciso, poi dice: "Vado. Almeno voglio vedere dove vanno." Ed esce, sebbene gli altri gli dicano di non farlo.

Quando Andrea esce da una strada stretta e affollata, Pietro lo segue in una piccola piazza piena di donne anziane. Andrea si fa strada verso un arco che si apre in un ampio cortile, circondato da piccole case povere, con Pietro ancora alle calcagna.
Gesù entra in una delle piccole case con Andrea e Pietro rimane fuori in attesa. Una donna lo vede e chiede: "Sei

un parente di Ava? E quei due? Siete venuti a portarla via?"
"Stai zitta, gallina! Non devono vedermi." Risponde Pietro, lanciando occhiate fulminanti alla donna che va subito a chiacchierare con altre donne. Ma Pietro viene subito circondato da un cerchio di donne, ragazzi e uomini che, solo raccomandandosi l'un l'altro di fare silenzio, fanno tanto rumore da tradire la loro presenza. Pietro è consumato dalla rabbia... ma invano.

La piena, calma e bella voce di Gesù si diffonde dall'interno della casa, assieme alla voce rotta di una donna e alla voce aspra di un uomo:
"Se è sempre stata un buona moglie, perché ripudiarla? L'hai mai offeso?"
"No, Maestro, lo giuro! L'ho amato come la pupilla del mio occhio" si lamenta la moglie.
E l'uomo, duro e tagliente: "No. Non mi ha mai offeso se non nell'essere sterile..." arriva la voce dell'uomo. "... Ed io voglio dei figli. Non voglio la maledizione di Dio sul mio nome."
"Non è colpa di tua moglie se è così."
"Egli scarica la colpa su di me. Su di me e sui miei parenti, come se avessimo tradito..."
"Donna, sii sincera. Sapevi di essere sterile?"
"No, Io ero e sono come tutte le donne. Anche i dottori lo dicono. Ma non riesco ad avere figli. "
"Puoi vedere che non ti ha tradito. Anche ella soffre per quello. Rispondi sinceramente anche tu: se fosse una madre, la ripudieresti?"
"No. Lo giuro. Non c'è motivo. Ma i rabbini e anche gli scribi hanno detto: 'Una donna sterile è la maledizione

di Dio su una casa ed è tuo diritto e dovere divorziare pubblicamente da lei e non opprimere la tua virilità privandoti dei figli.' Sto facendo ciò che dice la Legge."
"No. Ascolta. La Legge dice: 'Non commettere adulterio' e tu stai per commetterlo. Quello è il comandamento originale e nient'altro. E se, per la durezza dei vostri cuori, Mosè concesse il divorzio, fu per prevenire gli intrighi e le concupiscenze detestate da Dio. Allora il vostro vizio ha allargato sempre più la clausola di Mosè, creando le catene malvagie e le pietre assassine per molte donne al tempo presente, sempre vittime della vostra arroganza, dei vostri capricci, della vostra sordità e cecità agli affetti. Io ti dico: non è legale ciò che vuoi fare. La tua azione è un'offesa a Dio. Abramo forse ripudiò Sara? E Giacobbe Rachele? Ed Elkanah Anna? E Manoach sua moglie? Conosci il Battista? Lo conosci? Bene: non era sua madre sterile fino alla sua età avanzata e poi diede la luce il santo uomo di Dio, come la moglie di Manoach diede alla luce Sansone, ed Anna di Elkanah Samuele, e Rachele Giuseppe, e Sara Isacco? Alla continenza del marito, alla sua compassione per la sua moglie sterile, alla sua fedeltà al matrimonio, Dio attribuisce una ricompensa, e un premio celebrato nei secoli, poiché dona consolazione alle piangenti donne sterili, non più sterili o depresse, ma gloriose nella gioia di essere madri. Non ti è permesso offendere il suo amore. Sii giusto e onesto. Dio ti ricompenserà oltre i tuoi meriti. "

"Maestro, Tu sei l'unico a parlare così, io non sapevo. Ho chiesto ai dottori e mi hanno detto: 'Fallo.' Ma nessuna parola per dirmi che Dio ricompensa una buona azione con doni. Noi siamo nelle loro mani... ed essi ci chiudono gli occhi e i cuori con una mano di ferro. Io non sono un

uomo malvagio, Maestro. Non essere arrabbiato con me."
"Non sono arrabbiato. Mi dispiace di più per te che per
questa donna in lacrime. Perché il suo dolore finirà con la
sua vita. Il tuo comincerà allora, per durare per sempre.
Pensaci."
"No, non comincerà. Non voglio che cominci. Mi giuri sul
Dio di Abramo che ciò che dici è vero?"
"Io sono la Verità e la Saggezza. Chi crede in Me avrà
giustizia, saggezza, amore e pace. "
"Voglio crederti. Sì, voglio crederti. Sento che c'è
qualcosa in Te che non c'è negli altri. Bene. Ora andrò
dal sacerdote e gli dirò: 'Non la ripudierò più. La terrò
con me e chiederò solo a Dio di aiutarmi a sentire di
meno il dolore di essere senza figli.' Ava: non piangere.
Chiederemo al Maestro di tornare a tenermi buono, e tu...
continua ad amarmi."
La donna piange più forte per il contrasto tra il suo
precedente dolore e la sua attuale gioia.

Gesù sorride.

"Non piangere. Guardami. Alza lo sguardo, donna." Ella
alza lo sguardo. Guarda il Suo volto luminoso attraverso
le sue lacrime.
"Vieni qui, buon uomo. Inginocchiati accanto a tua
moglie. Ora vi benedirò e santificherò la vostra unione.
Ascoltate:..."
E, con voce tonante, con le mani sulle loro teste chinate,
Gesù prega:
"Signore Dio dei nostri padri, Che creò Adamo con la
polvere del suolo e gli donò Eva come aiutante, in modo
che potessero popolare la terra di uomini, allevandoli nel
Tuo santo timore, discendi con la Tua benedizione e la
Tua misericordia, apri e feconda il grembo che il Nemico

ha chiuso per condurli al doppio peccato di adulterio e di disperazione. Abbi misericordia di questi due figli, Santo Padre, Supremo Creatore. Rendili felici e santi. Che ella possa essere prolifica come una vigna ed egli il suo protettore, come l'olmo sorregge la vite. Discendi, o Vita, per donare la vita. Discendi, o Fuoco, per infiammare. Discendi, o Potere, per attivare. Discendi! Concedi a loro che per la festa di lode per i raccolti fruttuosi il prossimo anno possano offrirti il loro fascio vivente, il loro primogenito, un figlio, a Te consacrato, Padre Eterno, Che benedici coloro che sperano in Te."

La gente non si trattiene più ma si raccoglie, con Pietro innanzi a tutti loro.

"Alzatevi. Abbiate fede e siate santi."

"Oh! Resta, Maestro!" Lo prega la coppia riconciliata.

"Non posso. Tornerò. Sarò qui spesso."

"Resta qui, resta qui. Parla anche con noi!" Urla la folla.

Gesù benedice ma non si ferma. Promette solo di tornare presto. E torna alla casa che Lo ospita, seguito da una piccola folla.

"Uomo curioso: cosa dovrei farti?" Chiede a Pietro sulla via.

"Quello che vuoi. Comunque, ero lì..."

Entrano in casa e si accomiatano dalla folla che commenta le parole che ha sentito, e si siedono a cena.

Ma la curiosità di Pietro non è ancora soddisfatta. "Maestro, avranno davvero un figlio "

"Mi hai mai visto promettere cose che non si sono avverate? Pensi che mi prenderei la libertà di usare la fiducia nel Padre per mentire e ingannare?"

"No... ma... potresti farlo a tutte le coppie sposate?"

"Potrei. Ma lo faccio solo quando vedo che un figlio potrebbe essere un incentivo alla santità. Non lo faccio dove sarebbe un ostacolo."

Pietro si strofina i capelli scarmigliati e si tranquillizza. Il pastore Giuseppe entra coperto di polvere come se avesse camminato a lungo.

"Tu? Perché sei qui?" Chiede Gesù dopo un bacio di saluto.

"Ho delle lettere per Te. Me le ha date Tua Madre e una è da parte Sua. Eccole." E Giuseppe gli porge tre piccoli rotoli di sottile pergamena, legati con un piccolo nastro. Quello più grande è sigillato, il secondo ha solo un nodo e il terzo mostra un sigillo rotto. "Questo è di Tua Madre" dice Giuseppe, indicando quello con il nodo. Gesù lo srotola e lo legge prima a voce bassa, poi alta. "'Al Mio Figlio adorato, pace e benedizioni. E' arrivato qui un messaggero da Betania alla prima ora delle calende del mese di Elul. Era il pastore Isacco, a cui ho dato il bacio della pace e un ristoro nel Tuo nome e per gratitudine da parte Mia. Mi ha portato queste due lettere che Ti mando e Mi ha detto che il Tuo amico Lazzaro di Betania insiste affinché Tu acconsenta alla sua richiesta.

Mio adorato Gesù, Figlio benedetto e Signore, anch'io devo chiederti due cose. Una è di ricordarti di avermi promesso di chiamare la Tua povera Madre per istruirla sulla Parola. L'altra è che non dovresti venire a Nazaret senza prima parlare con Me'".

Gesù si ferma improvvisamente, si alza e va verso Giacomo e Giuda. Li abbraccia stretti e poi ripete a memoria le parole: "'Alfeo è tornato al ventre di Abramo nell'ultima luna piena ed è stato grande il lutto della città...' I due figli piangono sul petto di Gesù, Che prosegue: 'Nell'ultima ora voleva Te. Ma Tu eri lontano. Ma è una consolazione per Maria, che lo considera un segno del perdono di Dio e deve dar pace anche ai Miei nipoti.' Avete sentito? Dice così. Ed Ella sa quel che dice."

"Dammi la lettera" implora Giacomo.

"No, ti farebbe male."

"Perché? Cosa può dire di più doloroso della morte di un padre?..."

"Che ci maledice" singhiozza Giuda.

"No. Non questo" dice Gesù.

"Tu dici così... per non ferirci. Ma è così."

"Leggi, allora."

E Giuda legge: "'Gesù: Ti prego, e anche Maria Ti prega, non venire a Nazaret fino alla fine del lutto. Il loro amore per Alfeo rende i Nazareni ingiusti verso di Te e Tua Madre piange per questo. Il nostro buon amico Alfeo Mi conforta e placa la città. Il racconto di Aser e Ismaele sulla moglie di Chuza ha causato un gran fermento. Ma Nazaret ora è un mare agitato da diversi venti. Ti benedico, Figlio Mio, e Ti chiedo la Tua pace e la Tua benedizione per la Mia anima. Pace ai Miei nipoti. Tua Madre'."

Gli apostoli fanno i loro commenti e confortano i fratelli in lacrime. Ma Pietro dice: "Non leggi quelle? "

Gesù annuisce e apre la lettera di Lazzaro. Chiama Simone lo Zelota e leggono insieme in un angolo. Poi aprono l'ultimo rotolo e leggono anch'esso, discutono tra loro e lo Zelota tenta senza successo di convincere Gesù di qualcosa.

Con le pergamene tra le mani, Gesù si reca al centro della stanza e dice: "Ascoltate, amici. Noi siamo una famiglia

e non ci sono segreti tra noi. E se è la compassione a
nascondere il male, è la giustizia a far conoscere il bene.
Ascoltate cosa scrive Lazzaro di Betania: 'Al Signore Gesù
pace e benedizioni, e pace e salute al mio amico Simone.
Ho ricevuto la Tua lettera e, da servitore quale sono, ho
posto il mio cuore, la mia parola e tutti i miei mezzi al
tuo servizio per renderti felice e per avere l'onore di non
essere un servitore inutile. Sono andato da Doras, al
suo castello in Giudea, a chiedergli di mandarmi in suo
servitore Giona, come Tu desideri. Confesso che se non
mi fosse stato chiesto da Simone, un amico fedele, per
Tuo conto, non avrei affrontato quel beffardo, crudele
ed empio sciacallo. Ma per Te, mio Maestro e Amico,
sento di poter affrontare anche Mammona. Perché penso
che chi lavora per Te sia vicino a Te e di conseguenza
è protetto. Ed io sono stato certamente aiutato perché,
contrariamente alle mie aspettative, ho vinto. La
discussione è stata dura e il suo primo rifiuto umiliante.
Tre volte ho dovuto inchinarmi a quel potente schiavista.
Poi mi ha obbligato ad aspettare alcuni giorni. Infine ecco
la lettera. Si addice all'aspide quale egli è. E quasi non
oso dirti: - Rinuncia ad ottenere i Tuoi fini - perché non
è degno di averti. Ma non c'è altro verso. Ho accettato
per Te e ho firmato. Se ho fatto male, rimproverami. Ma
credimi: ho cercato di servirti nel migliore dei modi. Ieri
è venuto un Tuo discepolo giudeo, dicendo di venire a
Tuo nome per sapere se c'erano notizie da portarti. Ha
detto di essere Giuda di Kariot. Ma ho preferito aspettare
Isacco per mandare la lettera. Ed ero sorpreso che Tu
avessi mandato qualcun altro poiché Tu sai che Isacco
viene a stare qui ad ogni Shabbat. Non ho altro da dirti.
Solo, baciando i Tuoi santi piedi, Ti prego di portarli dal

Tuo servitore e amico Lazzaro, come hai promesso. Salute a Simone. A Te, Maestro e amico, un bacio di pace e una preghiera di benedizione. Lazzaro'.

Ed ora l'altra: 'Salute a Lazzaro. Ho deciso. Avrai Giona per il doppio del prezzo. Ma pongo le seguenti condizioni e non le cambierò per alcuna ragione. Voglio che Giona finisca il raccolto dell'anno, cioè sarà libero alla luna di Tishri, alla fine della luna. Voglio che Gesù di Nazaret venga personalmente a prenderlo, e Gli chiederò di entrare nella mia casa, in modo che possa incontrarlo. Voglio il pagamento subito dopo la firma del contratto. Saluti. Doras'."

"Che peste!" Urla Pietro. "Ma chi pagherà? Mi chiedo quanto voglia e noi... noi siamo quasi senza soldi!"

"Simone pagherà. Per far felice Me e il povero Giona. Sta comprando solo una carcassa di uomo, che non lo servirà per nulla. Ma guadagnerà grossi meriti in Paradiso."

"Tu? Oh!" Sono tutti sorpresi. Anche i figli di Alfeo dimenticano il loro dolore a causa del loro stupore.

"E' lui. E' giusto che si sappia."

"Sarebbe anche giusto sapere perché Giuda Iscariota è andato da Lazzaro. Chi l'ha mandato? L'hai mandato Tu?"

Ma Gesù, molto serio e pensoso, non risponde a Pietro. Interrompe la Sua meditazione solo per dire: "Date qualche rinfresco a Giuseppe e poi andiamo a riposare. Preparerò una risposta per Lazzaro... Isacco è ancora a Nazaret?"

"Mi sta aspettando."

"Andremo tutti."

"No. Tua Madre dice..." Sono tutti in totale confusione.

"State tranquilli! E' ciò che voglio. Mia Madre parla
con il Suo cuore amorevole. Io giudico con la Mia
ragione. Preferisco farlo mentre Giuda non c'è. E voglio
tendere una mano amichevole ai Miei cugini, Simone e
Giuseppe, e piangere con loro prima che finisca il lutto.
Poi torneremo a Cafarnao, al Gennesaret, cioè al lago,
ad aspettare la fine del mese di Tishri. E porteremo con
noi le Marie. Vostra madre ha bisogno di affetto. Gliene
daremo. E la Mia ha bisogno di pace. Io sono la Sua
pace."

"Pensi che a Nazaret... ?" Chiede Pietro.

"Non penso niente. "

"Oh! Bene! Perché se dovessero farle del male o
provocarle dolore!... Dovranno vedersela con me!" Dice
Pietro, completamente irritato.

Gesù lo accarezza ma anch'Egli è triste e perso nei
pensieri. Poi va verso Giuda e Giacomo e si siede,
abbracciandoli per confortarli. Gli altri parlano a bassa
voce per non disturbare il loro dolore.

Gesù A Casa Di Doras. Morte Di Giona.

E' una giornata nuvolosa di fine Novembre che segue le prime piogge dei tetri mesi invernali nella piana di Esdrelon. La pioggia della notte precedente ha lasciato la terra bagnata ma non fangosa. C'è un vento umido, saturo di umidità, che spazza via le foglie gialle e penetra fino alle ossa.

Alcuni gioghi di buoi che arano laboriosamente i campi mescolano il ricco terreno della pianura fertile, preparandolo per la semina. In alcuni campi ci sono uomini che lavorano come buoi, spingendo l'aratro con tutta la forza delle loro braccia e del loro torace, spingendo i piedi sul terreno già arato, faticando come schiavi in questo lavoro che è duro anche per i tori robusti.

Gesù guarda e osserva e il Suo volto diventa triste come se stesse per piangere. I pastori non ci sono più e Giuda è ancora assente, ma gli undici discepoli parlano tra loro: "Anche una barca è piccola, povera e faticosa..." dice Pietro. "Ma è cento volte meglio di questo lavoro da bestie da soma! Sono forse servitori di Doras?" Chiede.

"Non credo: i suoi campi sono oltre quel frutteto, credo. E non li vediamo ancora." Risponde Simone lo Zelota.
Ma Pietro, sempre curioso, lascia la strada e cammina lungo una siepe tra due campi dove quattro magri contadini, madidi di sudore e ansimanti dalla fatica, si sono seduti un attimo sul bordo.
"Siete uomini di Doras?" Chiede loro Pietro.
"No, ma apparteniamo al suo parente, a Gionata. E tu chi sei?"
"Io sono Simone di Giona, un pescatore della Galilea fino alla luna di Civ. Ora sono Pietro di Gesù di Nazaret, il Messia del Vangelo" dice Pietro con il rispetto e la gloria con cui si dice: "Appartengo all'alto divino Cesare di Roma" e anche molto di più e il suo volto onesto splende di gioia nel professarsi di Gesù.
"Oh! Il Messia! Dov'è, dov'è?" Chiedono i quattro infelici.
"Quello laggiù. Quello alto e biondo, con il mantello rosso scuro. Quello che ora sta guardando qui e sorride aspettandomi."
"Oh!... Se andassimo lì... ci manderebbe via?"
"Mandarvi via? Perché? Egli è l'amico degli infelici, dei poveri, degli oppressi e penso che voi... sì, voi lo siate proprio..."
"Oh! Certamente lo siamo! Ma non quanto gli uomini di Doras. Almeno noi abbiamo tutto il pane che vogliamo e non siamo frustati, a meno che non smettiamo di lavorare..."
"Allora, se il buon padrone Gionata dovesse trovarvi qui a parlare, egli..."
"Ci frusterebbe più di quanto frusti i suoi cani..."
Pietro fischia significativamente. Poi dice: "Bene, è meglio che facciamo così..." e, facendosi eco con le mani,

chiama ad alta voce: "Maestro. Vieni qui. Ci sono alcuni cuori che soffrono e Ti desiderano."
"Ma che stai dicendo? Egli viene qui?! Ma noi siamo ignobili servi!" I quattro uomini sono terrificati da tale sfrontatezza.
"Ma le frustate non sono piacevoli. E se quel buon fariseo dovesse arrivare, non vorrei averne una parte anch'io..." dice Pietro ridendo e con la sua grande mano scuote il più terrorizzato dei quattro uomini. Gesù, con i Suoi lunghi passi, sta per arrivare. I quattro uomini non sanno cosa fare. Vorrebbero correre a incontrarlo ma sono paralizzati dal rispetto; poveri esseri completamente spaventati dalla malignità umana, si gettano faccia a terra in adorazione del Messia Che sta arrivando verso di loro.
"Pace a tutti coloro che Mi desiderano. Chi Mi desidera, desidera il bene e Io lo amo come un amico. Alzatevi. Chi siete?"
Ma i quattro si limitano a sollevare i loro volti dal terreno e restano in ginocchio e fermi.
"Sono quattro servi del fariseo Gionata, un parente di Doras." Spiega Pietro. "Vorrebbero parlare con Te, ma se egli arriva, voleranno frustate, per questo Ti ho detto: 'Vieni.' Alzatevi, ragazzi. Non vi mangerà! Abbiate fede. Pensate solo che è un vostro amico. "
"Noi... sappiamo di te... Ce l'ha detto Giona..."
"Sono venuto per lui. So che Mi ha annunciato. Cosa sapete di Me?"
"Che Tu sei il Messia. Che Ti ha visto da bambino. Che gli angeli cantarono la pace alla gente buona con il Tuo arrivo, che sei stato perseguitato... che sei stato salvato e che ora stai cercando i Tuoi pastori e... che li ami. Queste

ultime cose ce le ha dette ora. E noi abbiamo pensato: Se Egli è così buono da cercare dei pastori e amarli, certamente avrà un po' di affetto per noi... Abbiamo tanto bisogno di qualcuno che possa amarci..."

"Io vi amo. Soffrite tanto?"

"Oh!... Ma gli uomini di Doras ancora di più. Se Gionata ci trovasse qui a parlare!... Ma oggi è a Gerasa. Non è ancora tornato dalla Festa dei Tabernacoli. Ma il suo assistente stasera ci darà del cibo dopo aver valutato il lavoro che abbiamo fatto. Ma non importa. Non faremo la pausa per mangiare alla sesta ora e faremo in tempo."

"Dimmi, buon uomo, sarei capace io di lavorare con quell'attrezzo? E' difficile?" Chiede Pietro.

"No, non è difficile. Ma è un duro lavoro. Ci vuole molta forza."

"Io ne ho. Mostramelo. Se ci riesco, voi potrete parlare e io guiderò il bue. Voi, Giovanni, Andrea e Giacomo, venite alla lezione. Abbandoneremo la pesca per i vermi del suolo. Andiamo!" Pietro posa le mani sulla barra del giogo. Ci sono due uomini per ciascun aratro, uno su ciascun lato del lungo giogo. Egli guarda e imita tutti i gesti del contadino. Forte e riposato com'è, lavora bene e l'uomo lo loda.

"Sono un maestro dell'aratura felice" esclama il buon Pietro. "Vieni, Giovanni. Vieni qui. Un bue e un vitello ad ogni aratro. Giacomo e quel vitello muto di mio fratello all'altro. Bene! Tirate!" e i due aratri procedono fianco a fianco a rimestare il terreno e scavare solchi sul lungo campo, alla fine del quale svoltano e tracciano un nuovo solco. Sembra che abbiano lavorato come contadini per tutta la vita.

"Come sono buoni i Tuoi amici!" dice il più sfrontato dei

servi di Gionata. "Li hai reso tali Tu?"
"Ho guidato la loro bontà come tu fai con le forbici da
potatore. La bontà era già in essi. Ora fiorisce bene
perché c'è Chi se ne prende cura."
"Sono anche umili. Sono Tuoi amici eppure servono noi,
poveri servi, in questo modo!"
"Solo coloro che amano l'umiltà, la mestizia, la
continenza, l'onestà e l'amore, l'amore soprattutto,
possono stare con Me. Perché chi ama Dio e il suo
prossimo, possiede di conseguenza tutte le virtù e merita
il Paradiso."
"Saremo capaci di meritarlo anche noi, noi che non
abbiamo il tempo di pregare, di andare al Tempio,
nemmeno di alzare la testa dai solchi?"
"Ditemi: odiate colui che vi tratta così duramente? C'è in
voi ribellione o rimprovero verso Dio per avervi messo tra
gli ultimi della terra?"
"Oh! No, Maestro! E' il nostro destino. Ma quando siamo
stanchi e ci buttiamo sui nostri giacigli, diciamo: 'Beh, il
Dio di Abramo sa che siamo così esausti da non essere
capaci di dire di più che: "Benedetto sia il Signore"', e
diciamo anche: 'Anche oggi abbiamo vissuto senza
peccare'... Sai... potremmo anche ingannare un po' e
mangiare un frutto con il nostro pane, o versare dell'olio
sulle verdure bollite. Ma il padrone ha detto: 'Il pane e le
verdure sono sufficienti per i servi. E in tempo di raccolto
un po' di aceto nell'acqua per placare la loro sete e dargli
forza.' E noi lo facciamo. Dopo tutto... potremmo star
peggio."
"Ed io vi dico solennemente che il Dio di Abramo sorride
ai vostri cuori, mentre rivolge una dura espressione a
coloro che Lo insultano al Tempio con false preghiere, ma

non amano i loro simili."

"Oh! Ma essi amano il popolo come se stessi! Almeno...
sembra che lo facciano perché si rispettano con doni e
inchini. E' per noi che non hanno amore. Ma noi siamo
diversi da loro ed è giusto."

"No. Non è giusto nel regno di Mio Padre. Ma sarà diverso
il modo di giudicare. Non i ricchi e i potenti, in quanto
tali, riceveranno onori. Ma solo coloro che hanno sempre
amato Dio, amandolo al di sopra di se stessi e al di sopra
di tutto il resto, come il denaro, il potere, le donne, una
ricca tavola; e amando il loro prossimo, cioè tutti gli
uomini, sia ricchi sia poveri, conosciuti e sconosciuti,
istruiti e senza cultura, buoni e cattivi. Sì, dovete amare
anche la gente cattiva. Non per la loro malignità ma per
la pietà per le loro anime, che essi feriscono a morte. E'
necessario amarli implorando il Padre Celeste di curarle e
redimerle. Nel Regno del Paradiso saranno benedetti
coloro che avranno onorato il Signore con verità e
giustizia, che avranno amato i loro genitori e parenti per
rispetto; coloro che non avranno rubato niente in alcun
modo, cioè che avranno dato e preso esattamente ciò che
è giusto, anche nel lavoro di servi; coloro che non
avranno ucciso nessuna reputazione o creatura e non
avranno desiderato uccidere, anche quando il
comportamento di altra gente è così crudele da eccitare i
cuori al disprezzo e alla ribellione; coloro che non
avranno giurato falsità danneggiando il prossimo e la
verità; coloro che non avranno commesso adulterio o
qualunque peccato carnale; coloro che, essendo miti e
rassegnati, avranno sempre accettato ciò che hanno
senza invidiare gli altri. Di questi è il Regno del Paradiso,
anche un mendicante può essere un re felice lassù,

mentre un tetrarca, con tutto il suo potere, sarà meno di
niente, anzi, più di niente: sarà una preda di Mammona,
se avrà peccato contro la legge eterna del Decalogo. "
Gli uomini Lo ascoltano a bocca spalancata. Accanto a
Gesù ci sono Bartolomeo, Matteo, Simone, Filippo,
Tommaso, Giacomo e Giuda di Alfeo. Gli altri quattro
continuano a lavorare, rossi in volto e accaldati, ma
allegri. Pietro lo è abbastanza da renderli tutti felici.
"Oh! Come aveva ragione Giona a chiamarti: 'Santo!'
Tutto è santo in Te: Le Tue parole, il Tuo sguardo, il Tuo
sorriso. Non abbiamo mai sentito le nostre anime così...!"
"Non vedete Giona da molto?"
"Da quando è malato."
"Malato?"
"Sì, Maestro. Non ce la fa più. Si trascinava già da prima.
Ma dopo il lavoro estivo e la vendemmia non riesce a
stare più in piedi. E quello ancora... lo fa lavorare... Oh!
Tu dici che dobbiamo amare tutti. Ma è molto difficile
amare le iene! E Doras è peggio di una iena!"
"Giona lo ama..."
"Sì, Maestro. E io dico che è un santo come quelli che
sono stati martirizzati per la loro lealtà al Signore Nostro
Dio."
"Tu hai detto il vero. Qual è il tuo nome?"
"Mica, e questo è Saul, e questo è Gioele, e questo Isaia."
"Menzionerò i vostri nomi al Padre. E dicevate che Giona
è molto malato?"
"Sì, appena finisce di lavorare si getta sulla paglia e noi
non lo vediamo più. Ce lo dicono gli altri servi di Doras."
"Starà lavorando ora?"
"Sì, se riesce a stare in piedi. Dovrebbe essere oltre quel
frutteto di mele."

"Il raccolto di Doras è stato buono?"

"Sì, è noto in tutta l'area. La piante hanno dovuto essere sostenute per la dimensione miracolosa dei frutti, e Doras ha dovuto far costruire nuovi tini perché c'erano così tanti grappoli che i soliti non riuscivano a contenerli."

"Doras deve aver ricompensato il suo servo!"

"Ricompensato! Oh! Signore, lo conosci così poco!"

"Ma Giona mi ha detto che anni fa Doras lo ha frustato a morte per la perdita di pochi fasci e che è diventato uno schiavo per il debito perché il suo padrone lo ha incolpato della perdita di poche colture. Poiché quest'anno ha avuto un'abbondanza miracolosa, avrebbe dovuto dargli un premio."

"No. Lo ha frustato selvaggiamente, accusandolo di non avere avuto la stessa abbondanza negli anni passati perché egli non aveva curato abbastanza la terra."

"Ma quell'uomo è una bestia! " Esclama Matteo.

"No. E' senz'anima" dice Gesù. "Vi lascio, figli Miei, con una benedizione. Avete pane e cibo per oggi?"

"Abbiamo questo pane" e gli mostrano una pagnotta scura che tirano fuori da una sacca sul terreno.

"Prendete il Mio cibo. Ho solo questo. Ma starò da Doras oggi e..."

"Tu a casa di Doras?"

"Sì. Per riscattare Giona. Non lo sapevate?"

"Nessuno sa niente qui. Ma... non fidarti di lui, Maestro. Sei come un agnello nella tana di un lupo."

"Non sarà capace di farmi alcun male. Prendete il Mio cibo. Giacomo, dà loro ciò che abbiamo. Anche il tuo vino. Anche voi dovete rallegrarvi un po', Miei poveri amici. Sia le vostre anime che i vostri corpi. Pietro!"

Andiamo."

"Arrivo, Maestro, c'è solo da finire questo solco. " Poi corre da Gesù, con il volto tirato dalla fatica. Si asciuga con il mantello che si era tolto, lo indossa di nuovo e ride felice. I quattro uomini non possono ringraziarli abbastanza.

"Passerai di nuovo da qui, Maestro?"

"Sì. Aspettatemi. Saluterete Giona. Potete farlo?"

"Oh! Sì. Il campo dev'essere arato entro sera. Più di due terzi sono stati completati. E così bene e velocemente. I tuoi amici sono forti! Che Dio Ti benedica! Oggi per noi è una festa più grande della Pasqua. Oh! Che Dio vi benedica tutti!"

Gesù si dirige al frutteto di mele. Lo attraversano e raggiungono i campi di Doras dove altri contadini sono agli aratri o sono chinati a rimuovere tutte le erbacce dai solchi. Ma Giona non c'è. Gli uomini riconoscono Gesù e Lo salutano senza lasciare il loro lavoro.

"Dov'è Giona?"

"Dopo due ore è caduto sul solco ad è stato portato a casa. Povero Giona. Non dovrà soffrire ancora per molto, ora. Si sta avvicinando alla sua fine. Non avremo mai un amico migliore."

"Avete Me sulla terra e lui nel grembo di Abramo. I morti amano i vivi di un duplice amore: il loro e l'amore che ricevono dall'essere con Dio, quindi un amore perfetto."

"Oh! Vai subito da lui. In modo che ti possa vedere nella sua sofferenza!" Gesù benedice e si allontana.

"Cosa farai ora? Cosa dirai a Doras?" Chiedono i discepoli.

"Andrò come se non sapessi niente. Se capisce di esser stato incontrato con franchezza, potrebbe essere spietato verso Giona e i servi."

"Il tuo amico ha ragione; è uno sciacallo" dice Pietro a Simone.

"Lazzaro dice solo la verità e non è un calunniatore. Lo incontrerai e ti piacerà" risponde Simone.

Vedono la casa del fariseo; grande, bassa ma ben costruita, una casa di campagna in mezzo a un frutteto ora senza frutti. Pietro e Simone vanno avanti ad avvisare.

Doras esce. E' un uomo anziano con il profilo di una persona rapace, con occhi ironici e una bocca di serpente che si contorce in un sorriso falso, in una barba più bianca che nera.

"Saluti, Gesù" saluta informalmente e con ovvia aria di superiorità.

"Che il tuo saluto ritorni a te." Risponde Gesù. Non dice "Pace."

"Entra. La mia casa Ti riceve. Sei stato puntuale come un re."

"Come una persona onesta" risponde Gesù.

Doras ride come se fosse uno scherzo.

Gesù si volta e dice ai Suoi discepoli, che non erano stati invitati. "Entrate. Sono Miei amici."

"Falli entrare... ma quello non è l'esattore, il figlio di Alfeo?"

"Questo è Matteo, il discepolo di Cristo" dice Gesù in un tono che gli altri comprendono ed egli risponde con una risata ancora più forzata della precedente.

All'interno, la casa è sontuosamente ricca e confortevole, ma gelida. I servitori sembrano schiavi sempre timorosi di una punizione e camminano con le spalle piegate, sgattaiolando rapidamente; si avverte che la casa è dominata da freddezza e odio.

Doras vorrebbe schiacciare il "povero" Maestro Galileo sotto la ricchezza della sua casa che è sontuosa internamente. Sontuosa e gelida. Ma Gesù non può né essere schiacciato da una manifestazione di ricchezza né da un ricordo della ricchezza e dei parenti di qualcuno e Doras, che comprende l'indifferenza del Maestro, lo porta nel suo frutteto, dove Gli mostra piante rare e Gli offre i loro frutti, che i servi porgono su vassoi e tazze dorate. Gesù apprezza e loda la frutta deliziosa; belle pesche, in parte al naturale e in parte in uno sciroppo alcolico, e pere di dimensioni rare.
"Sono l'unico ad averle in Palestina e non credo che ce ne siano altre nell'intera penisola. Le ho mandate a cercare in Persia e anche più lontano. Il caravan mi costa un talento. Ma nemmeno i tetrarchi hanno tali frutti. Forse non li ha nemmeno Cesare. Conto tutti i frutti e voglio i loro noccioli. E le pere si mangiano solo alla mia tavola perché non voglio che nemmeno un seme sia portato via. Ne mando alcune ad Anna, ma solo cotte in modo che siano sterili."
"Ma sono piante di Dio. E tutti gli uomini sono uguali."
"Uguali? No! Io uguale a... ai Tuoi galilei?"
"Le anime provengono da Dio ed Egli le crea uguali."
"Ma io sono Doras, il fedele fariseo!..." Dice Doras, orgoglioso come un pavone. Gesù è più alto di Doras, al punto da torreggiare su di lui, solenne nella Sua tunica

purpurea, accanto al piccolo, lievemente incurvato, rugoso fariseo, in una veste considerevolmente ampia e ricca di frange.

Dopo essersi ammirato per un po', Doras esclama: "Gesù, perché hai mandato Lazzaro, il fratello di una prostituta, nella casa di Doras, il puro fariseo? Lazzaro è un Tuo amico? Non devi farlo. Non sai che è scomunicato perché sua sorella Maria è una prostituta?"

"Conosco solo Lazzaro e le sue azioni che sono oneste."

"Ma il mondo si ricorda del peccato di quella casa e vede che le sue macchie si diffondono ai suoi amici... non andarci. Perché non sei un fariseo? Se vuoi... io sono influente... Ti farà accettare, sebbene Tu sia un galileo. Posso fare qualsiasi cosa nel Sinedrio. Anna è nelle mie mani come il bordo del mio mantello. La gente Ti temerebbe di più. "

"Io voglio solo essere amato."

"Io Ti amerò. Puoi vedere che Ti amo già perché sto acconsentendo al tuo desiderio e ti sto dando Giona."

"Ho pagato per averlo."

"E' vero, e sono sorpreso che tu possa permetterti di pagare così tanto."

"Non Io. Un amico ha pagato per Me."

"Bene, bene. Non sono curioso. Io dico: Tu vedi che Ti amo e voglio renderti felice. Avrai Giona dopo il nostro pasto. E' solo per Te che faccio questo sacrificio..." e ride con la sua risata crudele.

Gesù, con le braccia piegate sul petto, lancia occhiate sempre più severe a Doras, mentre rimangono nel frutteto in attesa dell'ora di cena.

"Ma Tu devi farmi felice. Una gioia per una gioia. Ti sto

dando il mio miglior servo. Pertanto mi sto privando di qualcosa che mi serve per il futuro. Quest'anno la Tua benedizione - so che Tu eri qui all'inizio dell'estate - mi ha portato frutti che hanno reso famosa la mia fattoria. Ora benedici le mie mandrie e i miei campi. L'anno prossimo non rimpiangerò la perdita di Giona... e nel frattempo troverò qualcuno come lui. Vieni a benedire. Dammi la gioia di essere celebrato in tutta la Palestina e di avere ovili e granai pieni di ogni genere di beni. Vieni" e, sopraffatto dalla febbre dell'oro, afferra Gesù e cerca di trascinarlo.

Ma Gesù resiste. "Dov'è Giona?" Egli chiede con severità. "Dove stanno arando. Voleva fare anche quello per il suo buon padrone. Ma verrà prima della fine del pasto. Nel frattempo, vieni a benedire le mandrie, i campi, i frutteti, le vigne, i frantoi. Benedici tutto. Oh! Come saranno fruttuosi il prossimo anno! Vieni, allora."

"Dov'è Giona?" Chiede Gesù con voce più alta e tonante.

"Te l'ho detto. Dove stanno arando. E' il primo servo e non lavora: è a capo degli uomini."

"Bugiardo!"

"Io? Lo giuro su Yahweh!"

"Spergiuro!"

"Io? Io uno spergiuro? Sono il credente più fedele! Guarda come parli!"

"Assassino!" Gesù ha alzato la voce sempre più e quest'ultima parola è come un tuono. I Suoi discepoli Gli si avvicinano, i servitori si affacciano alle porte spaventati. Il volto di Gesù è intollerabile nella sua severità e i Suoi occhi sembrano emanare raggi fosforescenti.

Per un momento, Doras è spaventato e indietreggia; un

mucchio di abiti raffinati accanto all'alta figura di Gesù, vestito di una tunica di lana rosso scuro. Poi l'orgoglio di Doras prevarica e urla con una voce stridula come quella di una volpe:

"Solo io dò ordini nella mia casa. Vai fuori, vile galileo."

"Me ne andrò dopo aver maledetto te, i tuoi campi, le mandrie e le vigne per quest'anno e per gli anni a venire.
"

"No, non farlo! Sì. E' vero. Giona è malato. Ma si stanno prendendo cura di lui. E' in buone mani. Ritira la Tua maledizione. "

"Dov'è Giona? Fammi portare da lui subito. Ho pagato per lui; e poiché per te egli è una merce, una macchina, lo considero tale; e poiché l'ho comprato, lo voglio."

Doras tira fuori un fischietto d'oro dal suo busto e fischia tre volte. Un gruppo di servitori, sia della casa che dei campi, spuntano da ogni parte e corrono dal padrone spaventato, inchinandosi a tal punto da sembrare striscianti.

"Portategli Giona e consegnateglielo... Dove stai andando?"

Gesù non risponde, ma segue i servitori che sono corsi oltre il giardino verso le sporche buche che sono le povere dimore dei contadini.

Entrano nel tugurio di Giona dove egli, ora solo pelle e ossa e ansimante per la febbre alta, giace mezzo nudo su un tappeto di bambù con un semplice tessuto rammendato come materasso e un mantello ancora più usurato come coperta, assistito da Maria, la moglie del suo amico, la stessa Maria che lo aveva curato quando Doras lo aveva frustato quasi a morte.

"Giona! Amico Mio! Sono venuto a portarti via!"
"Tu? Mio Signore! Io sto morendo... ma sono felice di averti qui!"
"Mio fedele amico, tu ora sei libero e non morirai qui. Ti porto a casa Mia."
"Libero? Perché? A casa Tua? Oh! Sì. Mi hai promesso che avrei visto Tua Madre."
Gesù si china amorevolmente sul miserabile letto dell'uomo infelice e Giona, per la gioia, sembra ravvivarsi.
"Pietro, tu sei forte. Solleva Giona. E voi, datemi i vostri mantelli. Questo letto è troppo duro per un uomo nel suo stato."
I discepoli si tolgono subito i mantelli, li ripiegano più volte e li distendono sul tappeto, usandone alcuni come cuscino. Pietro distende il suo carico di ossa e Gesù lo copre con il Suo mantello.
"Pietro, hai dei soldi? "
"Sì, Maestro, ho quaranta monete."
"Bene. Andiamo. Coraggio, Giona. Ancora un po' di sofferenza e poi ci sarà tanta pace nella Mia casa, accanto a Maria..."
"Maria... sì... oh! La Tua casa!" E nella sua debolezza estrema il povero Giona fa l'unica cosa che può fare; piange.
"Arrivederci, donna. Il Signore ti benedirà per la Tua misericordia."
"Saluti, Signore. Saluti, Giona. Prega per me. " Dice la giovane donna, piangendo.

Doras compare mentre raggiungono la porta e, spaventato, Giona si copre la faccia. Ma Gesù posa una mano sulla sua testa ed esce accanto a lui, più severo di un giudice. L'infelice processione esce nel cortile rustico e imbocca il sentiero nel frutteto.

"Quel letto è mio! Ti ho venduto il servo, non il letto."

Gesù getta il borsello ai suoi piedi senza dire una parola. Doras raccoglie il borsello e lo svuota. "Quaranta monete e cinque didracme. E' troppo poco!"

Gesù guarda dall'alto verso il basso l'avido e rivoltante torturatore ma non risponde.

"Almeno dimmi che ritirerai l'anatema!"

Ma con uno sguardo e poche parole, Gesù lo schiaccia nuovamente: "Ti affido al Dio del Sinai" e continua a camminare, dritto, accando alla lettiga rustica, che Pietro e Andrea trasportano con la massima cautela.

Quando Doras capisce che è tutto inutile, che la punizione è certa, urla: "Ci rincontreremo, Gesù" Ti avrò di nuovo tra i miei artigli! Ti combatterò fino alla morte... Puoi prenderti quell'uomo distrutto. Non mi serve più. Risparmierò i soldi per la sua sepoltura. Vattene, vattene, maledetto Satana! Ti metterò contro l'intero Sinedrio. Satana! Satana!"

Gesù finge di non sentire ma i discepoli sono sgomenti.

Pensando solo a Giona, Gesù cerca i percorsi più pianeggianti e più riparati, fin quando raggiungono un incrocio vicino al campo di Gionata.

I quattro contadini corrono a salutare il loro amico che sta andando via e Gesù Che benedice.

Ma la strada da Esdrelon a Nazaret è lunga e la loro velocità bassa per il loro pietoso carico. Lungo la strada principale, non ci sono carri e procedono in silenzio, con Giona che sembra addormentato ma si aggrappa alla mano di Gesù.

Con l'avvicinarsi della sera, comincia a farsi buio e un

carro militare romano con due o tre soldati li incrocia.

"In nome di Dio, fermatevi" dice Gesù alzando il braccio.

I soldati si fermano e un pomposo sottufficiale si affaccia da sotto la copertura.

"Cosa vuoi?" Chiede a Gesù.

"Ho un amico che sta morendo. Vi chiedo di portarlo sul carro."

"Non ci è consentito... ma... salite. Non siamo nemmeno dei cani."

Portano la lettiga sul carro.

"Un Tuo amico? Chi sei Tu?"

"Il rabbino Gesù di Nazaret."

"Tu? Oh!..." Il sottufficiale Lo guarda con curiosità.

"Se sei Tu, allora... portane quanti ne puoi. Ma non fatevi vedere da nessuno... è un ordine... ma al di sopra degli ordini vi è l'umanità, vero? Tu sei buono, lo so. Eh! Noi soldati sappiamo tutto... Come faccio a saperlo? Anche le pietre parlano bene o male e noi abbiamo orecchi per ascoltarli per servire Cesare. Tu non sei un falso Cristo come gli altri prima di Te, che erano agitatori e ribelli. Tu sei buono. Roma lo sa. Quest'uomo... è molto malato."

"Per questo lo sto portando da Mia Madre."

Uhm! Non lo curerà per molto! Dagli del vino. E' in quella borraccia. Aquila, frusta i cavalli. Quinto, dammi la razione di miele e burro. E' mia. Gli farà bene; ha la tosse e il miele lo aiuterà. "

"Tu sei buono."

"No. Non cattivo come tanti. E sono felice di averti qui con me. Ricordati di Publio Quintiliano della legione Italica. Sto a Cesarea. Ma ora andrò a Ptolemais. Ordine di ispezione."

"Non sei un Mio nemico."

112

"Io? Io sono nemico della gente cattiva. Mai della gente buona. E anch'io vorrei essere buono. Dimmi! Quale dottrina predichi per noi militari?"

"La dottrina è solo una per tutti. Giustizia, onestà, continenza, compassione. Si devono svolgere i propri compiti senza commettere abusi. Anche nelle dure necessità dell'esercito bisogna essere umani. E ci si deve adoperare per conoscere la Verità, cioè: Dio, uno ed eterno, senza la cui conoscenza ogni azione è privata della grazia e di conseguenza delle ricompensa eterna."

"Ma quando morirò, cosa ne farò del bene che ho fatto?"

"Chi arriva al vero Dio ritroverà quel bene nella prossima vita."

"Rinascerò? Diventerò un tribuno o anche un imperatore? "

"No. Diventerai come Dio, unendoti alla sua eterna beatitudine in Paradiso."

"Cosa? Io nell'Olimpo? Tra gli dei?"

"Non ci sono dei. C'è il vero Dio. L'Unico che predico. L'Unico Che ti ascolta e prende nota della tua bontà e del tuo desiderio di conoscere il Bene."

"Mi piace! Non sapevo che Dio potesse avere a che fare con un povero soldato pagano."

"Egli ti ha creato, Publio. Pertanto ti ama e vorrebbe averti con Lui."

"Eh!... Perché no? Ma... nessuno ci parla mai di Dio."

"Io verrò a Cesarea e Mi ascolterai."

"Oh! Sì. Verrò ad ascoltarti. Ecco Nazaret. Vorrei portarti più avanti. Ma se mi vedessero..."

"Scenderò e ti benedirò per la tua cortesia."

"Saluti, Maestro."

"Che il Signore si manifesti a voi, soldati. Saluti."

Scendono e riprendono a camminare.

"Tra poco potrai riposarti, Giona" dice Gesù incoraggiante.

Giona sorride. Al calar della sera, egli diventa sempre più tranquillo ora che è sicuro di essere lontano da Doras. Giovanni e suo fratello corrono avanti ad avvisare Maria. Quando la piccola processione arriva a Nazaret, ora quasi deserta a tarda sera, Maria è già alla porta in attesa di Suo Figlio.

"Madre, ecco Giona. Egli si rifugia nella Tua gentilezza per cominciare ad assaporare il suo Paradiso. Sei felice, Giona? "

"Felice! Felice!" Sussurra l'uomo esausto come se fosse in estasi. Lo portano nella piccola stanza dove morì Giuseppe.

"Sei nel letto di Mio padre. E qui c'è Mia Madre ed Io sono qui. Vedi? Nazaret diventa Betlemme e tu ora sei il piccolo Gesù tra due persone che ti amano. E questi sono coloro che ti venerano come i fedeli servitori. Non puoi vedere gli angeli ma essi stanno sbattendo le loro splendide ali sopra di te e cantano le parole del salmo di Natale..."

Gesù riversa tutta la Sua gentilezza su Giona che deperisce sempre più. Sembra aver resistito finora per morire qui... ma è felice. Sorride e cerca di baciare le mani di Gesù e Maria e di dire... ma la sua pena interrompe le sue parole. Maria lo conforta come una madre. Ed egli ripete:

"Sì... sì" con un sorriso beato sul suo volto emaciato.

I discepoli, all'entrata dell'orto, sono in silenzio e osservano, profondamente commossi.

"Dio ha ascoltato il tuo grande desiderio. La Stella della

tua lunga notte sta ora diventando la Stella del tuo
Mattino eterno. Conosci il suo nome" dice Gesù.
"Gesù, il Tuo! Oh! Gesù! Gli angeli... Chi canterà l'inno
angelico per me? La mia anima lo sente... ma anche le
mie orecchie vorrebbero sentirlo... chi?... per farmi
dormire felice... ho tanto sonno! Ho lavorato così tanto!
Tante lacrime... tanti insulti... Doras... lo perdono... ma
non voglio sentire la sua voce e la sento. E' come la voce
di Satana accanto a me, che sto morendo. Chi coprirà per
me quella voce con le parole che venivano dal Paradiso?"
E' Maria, che nello stesso tono della Sua ninna nanna
canta dolcemente: "Gloria a Dio nell'Alto dei cieli e pace
in terra agli uomini." E la ripete due o tre volte perché
vede che Giona si calma ascoltandola.
"Doras non parla più" dice Giona dopo un po'. "Solo gli
angeli... era un Bambino... in una mangiatoia... tra un
bue e un asino... ed era il Messia... e io L'ho adorato... e
con Lui c'erano Giuseppe e Maria..." la sua voce si spegne
in un breve gorgoglio e poi c'è silenzio.
"Pace in Paradiso agli uomini di buona volontà! E' morto.
Lo seppelliremo nel nostro povero sepolcro. Egli merita di
attendere la resurrezione dei morti accanto al Mio giusto
padre" dice Gesù, proprio mentre entra Maria di Alfeo.

Gesù A Casa Di Lazzaro. Marta Parla Della Maddalena

E' la piazza del mercato a Gerico con i suoi alberi, i venditori urlanti e nell'angolo c'è Zaccheo, l'esattore, intento nelle sue estorsioni legali e illegali; trattando anche gioielli e altri oggetti di valore, che egli pesa e valuta per il pagamento di tasse o in cambio di altri beni. E' ora il turno di una donna esile che è completamente coperta da un enorme mantello grigio-ruggine e il volto coperto da un byssus* giallastro a maglia stretta. Si riesce a vedere solo la sottigliezza della sua figura, nonostante l'enorme manto grigiastro che la avvolge. Ma quel poco che si riesce a vedere di lei dice che è una giovane donna; i suoi piedi, che calzano sandali piuttosto sofisticati con le tomaie e i lacci intrecciati di cuoio, che lasciano visibili solo le dita giovanili e parte delle sue snelle caviglie bianche che, per un momento, ella scopre da sotto il mantello per tirare fuori un braccialetto senza dire una parola, prende il denaro senza obiezioni e si volta per andarsene.

* una raffinata fibra e tessuto di lino

Dietro di lei, Giuda Iscariota la guarda attentamente e

quando sta per allontanarsi, egli le dice una parola ma
ella non risponde, come se fosse muta, e si allontana di
fretta nella sua massa di vestiti.
"Chi è?" Chiede Giuda a Zaccheo.
"Non chiedo il nome ai miei clienti, soprattutto se sono
gentili come lei."
"E' giovane, vero?"
"Apparentemente."
"E' giudea?"
"Chi lo sa?! L'oro è giallo in tutte le nazioni."
"Mostrami quel bracciale."
"Vuoi comprarlo?"
"No."
"Bene, niente da fare. Cosa pensi? Che si metterà a
parlare per lei?"
"Volevo provare a scoprire chi è..."
"Sei così interessato? Sei un negromante che indovina, o
un segugio che annusa? Vai via, dimenticati di lei. Se è
così, è onesta e infelice oppure è una lebbrosa. Quindi...
niente da fare."
"Non desidero ardentemente una donna" risponde Giuda
sprezzantemente.
"Forse... ma dalla tua faccia stento a crederci. Bene, se
non vuoi nient'altro, per favore allontanati. Ho altra gente
da servire."

Giuda si allontana arrabbiato e chiede a un venditore
di pane e a un fruttivendolo se conoscono la donna che
ha appena comprato del pane e delle mele da essi, e se
sanno dove abita.
"Viene qui da un po' di tempo, ogni due o tre giorni. Ma
non sappiamo dove abita. " Essi rispondono.

"Ma come parla?" Insiste Giuda. I due ridono e
rispondono: "Con la sua lingua. "

Giuda li insulta e si allontana... e si imbatte nel gruppo
di Gesù e dei Suoi discepoli, che sono venuti a comprare
del pane e del cibo per il loro pasto quotidiano. La
sorpresa è reciproca e... non molto entusiasta. Gesù
chiede solo: "Sei qui?"

Giuda mormora qualcosa, Pietro scoppia a ridere
fragorosamente e dice: "Ecco, sono cieco e miscredente.
Non vedo i vigneti. E non credo al miracolo..."

"Cosa stai dicendo?" Chiedono due o tre discepoli.

"Sto dicendo la verità. Non ci sono vigneti qui. E non
posso credere che Giuda, in tutta questa polvere, possa
raccogliere grappoli semplicemente perché è un discepolo
del Rabbino."

"La vendemmia è finita da molto tempo" risponde Giuda
aspramente.

"E Kariot è a molti chilometri di distanza" conclude
Pietro.

"Mi stai attaccando improvvisamente. Tu mi sei ostile."

"No. Non sono così stupido come credi."

"Basta" ordina Gesù, severo. Poi si rivolge a Giuda: "Non
Mi aspettavo di vederti qui. Pensavo che saresti stato a
Gerusalemme per i Tabernacoli. "

"Ci andrò domani. Sono stato qui ad aspettare un amico
di famiglia che..."

"Per favore, basta."

"Non mi credi, Maestro? Giuro..."

"Non ti ho chiesto niente e per favore non dire niente. Sei
qui. E' sufficiente. Pensi di venire con noi o hai ancora
faccende da sbrigare? Rispondi francamente. "

"No... ho finito. In ogni caso quell'amico non verrà e

andrò a Gerusalemme per la Festa. E Tu dove stai andando?"

"A Gerusalemme."

"Oggi?"

"Sarò a Betania stasera."

"A casa di Lazzaro? "

"Sì, da Lazzaro."

"Bene, vengo anch'io."

"Sì, vieni fino a Betania. Poi Andrea, con Giacomo di Zebedeo e Tommaso, andrà al Getsemani per i preparativi e ci aspetteranno e tu andrai con loro. " Dice Gesù, sottolineando le ultime parole in modo che Giuda non reagisca.

"E noi? " Chiede Pietro.

"Tu andrai con Mio cugino e Matteo dove vi manderò e tornerete stasera. Giovanni, Simone, Bartolomeo e Filippo staranno con Me, cioè andranno ad annunciare a Betania che il Rabbino è arrivato e parlerà con il popolo alla nona ora."

Camminano rapidamente nella campagna arida, consci di una tempesta imminente, non nel cielo terso ma nei loro cuori e procedono silenziosamente.

La casa di Lazzaro è una delle prime case arrivando a Betania da Gerico.

Quando raggiungono Betania, Gesù saluta il gruppo che dovrà andare a Gerusalemme (al Getsemani). Poi manda il secondo gruppo verso Betlemme dicendo:

"Andate e non preoccupatevi. A metà strada troverete Isacco, Elia e gli altri. Dite loro che resterò a Gerusalemme per molti giorni e li aspetto per benedirli."

119

Simone, nel frattempo, ha bussato alla porta e la fa aprire. I servitori informano Lazzaro che arriva subito. Giuda Iscariota, che è andato avanti di qualche metro, ritorna con la scusa di dire a Gesù: "Ti ho contrariato, Maestro. Me ne rendo conto. Perdonami" mentre allo stesso tempo, attraverso il cancello aperto, lancia occhiate di sbieco al giardino e alla casa.

"Sì. Va bene. Vai. Non far aspettare i tuoi compagni." E Giuda è costretto ad andare.

"Sperava che potesse esserci un cambio nelle istruzioni." Sussurra Pietro.

"Mai, Pietro. So cosa faccio. Ma abbi pazienza con quell'uomo..."

"Ci proverò. Ma non posso prometterlo... Saluti, Maestro. Vieni, Matteo e voi due. Svelti. "

"Che la Mia pace sia sempre con te."

Gesù entra con gli altri quattro. Bacia Lazzaro, presenta Giovanni, Filippo e Bartolomeo, poi li accomiata e rimane solo con Lazzaro.

Vanno verso la casa dove, sotto il bel portico, si trova una donna; Marta è scura di carnagione e alta, benché non alta quanto la sua bionda e rosea sorella. Ma è una bella e giovane donna con un corpo ben formato, bilanciato e formoso, una piccola testa bruna con una liscia fronte scura. I suoi occhi bonari, scuri e allungati sono gentili e soffici come il velluto, in mezzo a ciglia scure. Il suo naso è leggermente incurvato e le sue piccole labbra molto rosse, in contrasto con le sue guance scure. Sorride mostrando forti denti bianchi come la neve.

Il suo vestito di lana blu scuro ha un merletto rosso e verde attorno al collo e all'estremità delle ampie maniche corte, da cui si estendono altre due maniche di lino

bianco molto raffinato, legate e arricciate ai polsi da un cordoncino.

La sua blusa bianca molto raffinata è visibile anche sul suo petto e attorno alla base del collo dove è stretta da una corda. Una sciarpa blu, rossa e verde di tessuto raffinato fa da cintura, legata al di sopra dei fianchi e pende sul lato sinistro in un ciuffo di frange. Il suo vestito è ricco e casto.

"Ho una sorella, Maestro. Ecco, Marta. E' buona e pia, la consolazione e l'onore della famiglia e la gioia del povero Lazzaro. In passato era la mia prima ed unica gioia. Ora è la seconda perché Tu sei la prima."
Marta si prostra al pavimento e bacia l'orlo della tunica di Gesù.
"Pace alla buona sorella e alla casta donna. Alzati."
Marta si alza in piedi ed entra in casa con Gesù e Lazzaro. Poi chiede di allontanarsi per occuparsi della casa.
"E' la mia pace..." sussurra Lazzaro, guardando Gesù con uno sguardo inquisitorio, ma Gesù finge non non averlo visto.
"E Giona?" Chiede Lazzaro.
"E' morto."
"Morto? Allora..."
"L'ho avuto quando stava morendo. Ma è morto libero e felice nella Mia casa, a Nazaret, tra Me e Mia Madre."
"Doras Te l'ha praticamente ucciso prima di consegnartelo!"
"Sì, con la fatica e anche con le frustate."
"E' un diavolo e Ti odia. Quella iena odia il mondo intero... Non ti ha detto che Ti odia?"

"Sì."

"Non fidarti di lui, Gesù. E' capace di tutto, Signore...
cosa Ti ha detto Doras? Non Ti ha detto di evitarmi? Non
ha messo in cattiva luce il povero Lazzaro?"

"Penso che Mi conosci abbastanza da capire che Io
giudico per Me stesso e secondo giustizia e che quando
amo, Io amo senza considerare se tale amore possa
procurarmi il bene o il male secondo le visioni del
mondo."

"Ma quell'uomo è crudele e ferisce e colpisce
severamente... Mi ha tormentato anche qualche giorno fa.
E' venuto qui e mi ha detto... Oh! Sono già così vessato!
Perché vuole anche portarti via da me?"

"Io sono il conforto di coloro che sono tormentati e il
compagno di coloro che sono desolati. Sono venuto da te
anche per questo..."

"Ah! Allora lo sai?... Oh! Che vergogna!"

"No. Perché ti vergogni? Lo so. E allora? Dovrei scagliare
un anatema contro di te che stai soffrendo? Io sono la
Misericordia, il Perdono, l'Amore per tutti; e cosa dovrei
essere per quelli che sono innocenti? Il peccato per cui
soffri non è tuo. Dovrei essere impietoso verso di te se
provo pietà anche per lei?..."

"L'hai vista?"

"Sì. Non piangere."

Ma Lazzaro, con la testa appoggiata alle braccia piegate
sul tavolo, sta piangendo, singhiozzando dolorosamente.
Marta si affaccia alla porta e guarda. Gesù le fa cenno
di rimanere in silenzio. E Marta si allontana con grosse
lacrime che scendono silenziosamente sulle sue guance.
Lentamente, Lazzaro si calma e si scusa per la sua
debolezza. Gesù lo conforta e poiché il Suo amico vuole

allontanarsi un momento, Egli esce nel giardino e cammina tra le aiuole di fiori, dove alcune rose stanno già fiorendo.

Marta Lo raggiunge poco dopo.

"Maestro, Lazzaro Ti ha parlato?"

"Sì, Marta."

"Lazzaro non può mettersi l'anima in pace perché è consapevole che Tu sai e che l'hai vista..."

"Come fa a saperlo?"

"Prima, quell'uomo che era con Te e che dice di essere Tuo discepolo: quello giovane, bruno, ben rasato... poi Doras. Doras Ti ha frustato con il suo disprezzo, il discepolo ha solo detto che l'hai vista sul lago... con i suoi amanti..."

"Non piangere per questo! Pensi che non abbia familiarità con la tua ferita? Ne ero consapevole da quando ero con il Padre... Non perderti d'animo, Marta. Risolleva il tuo cuore e la tua testa."

"Prega per lei, Maestro. Io prego... ma non posso perdonare completamente e forse il Padre Eterno respinge la mia preghiera."

"Hai ragione: devi perdonare per essere perdonata e ascoltata. Io prego già per lei. Ma dammi il tuo perdono e quello di Lazzaro. Tu, una buona sorella, puoi parlare e ottenere anche di più di quanto possa Io. La sua ferita è troppo recente e dolorosa affinché la Mia mano possa toccarla anche leggermente. Tu puoi farlo. Datemi il vostro pieno, santo perdono ed Io..."

"Perdono... Non ne saremo capaci. Nostra madre è morta per il dolore delle sue cattive azioni e... erano ancora poco rispetto alle attuali. Vedo la tortura di mia madre... per me è sempre attuale. E vedo quanto soffre Lazzaro. "

"E' malata, Marta, e impazzita. Perdonala."

"E' posseduta, Maestro. "

"E cos'è la possessione diabolica se non una malattia
dello spirito infetto da Satana al punto di degenerare
in un essere spirituale diabolico? Come si possono
spiegare altrimenti certe perversioni degli esseri umani?
Perversioni che rendono più fieri delle bestie, più
lascivi delle scimmie e così via e creano un ibrido in cui
uomo, animale e demonio sono mescolati. Questa è la
spiegazione di ciò che ci colpisce come un'inspiegabile
mostruosità in tante creature. Non piangete. Perdonate.
Io vedo. Perché la Mia vista è più acuta della vista di
un occhio o del cuore. Io vedo Dio. Io vedo. Vi dico:
perdonatela, perché è malata."

"Curala, allora!"

"La curerò. Abbiate fede. Vi renderò felici. Ma perdona e
di' a Lazzaro di perdonare. Perdonatela. Amatela. Siate in
buoni rapporti con lei. Parlatele come se fosse una di voi.
Parlatele di Me..."

"Come puoi aspettarti che comprenda Te, il Santo?"

"Può sembrare che non capisca. Ma il Mio Nome, anche
di per se stesso, è salvezza. Fatele pensare a Me e
menzionare il Mio Nome. Oh! Satana corre via quando
un cuore pensa al Mio Nome. Sorridi, Marta, a questa
speranza. Guarda questa rosa; la pioggia dei giorni
scorsi l'ha rovinata ma guarda, il sole oggi l'ha fatta
sbocciare ed è ancora più bella perché le gocce di pioggia
sui petali l'adornano di diamanti. La vostra casa sarà
così... Lacrime e dolore ora, e dopo... gioia e gloria. Vai!
Dillo a Lazzaro, mentre Io, nella pace del vostro giardino,
pregherò il Padre per Maria e per voi..."

125